Ispinho e Fulô

PATATIVA DO ASSARÉ

Ispinho e Fulô

hedra
educação

São Paulo 2012

Direitos desta edição Hedra, 2012

Capa
Casa Rex

Projeto gráfico
Hedra

Editoração e fotolitos
Join Bureau

Revisão
Ana Paula Gomes

Digitação
Peu

Dados Internacionais de Catalogação na Publicação (CIP)
(Câmara Brasileira do Livro, SP, Brasil)

Patativa do Assaré, 1909-2002.
Ispinho e Fulô. / Patativa do Assaré. – São Paulo: Hedra, 2012. 312 pp.

ISBN 978-85-65206-01-3

1. Literatura de cordel – Brasil. 2. Patativa do Assaré, 1909-2002. I. Título.

04-1944   CDD 398.20981

Índices para catálogo sistemático:
1. Brasil: Literatura de Cordel: Folclore 398.20981

Todos os direitos desta edição reservados à
HEDRA EDUCAÇÃO LTDA.
Rua Fradique Coutinho, 1139
05416-011 São Paulo SP Brasil
+55 11 3031 6879

ÍNDICE

Patativa do Assaré – Depoimento	9
Eu e meu Campina	19
Ispinho e Fulô	25
Antonio Conselheiro	29
O Galo Egoísta e o Frango Infeliz	33
Nordestino Sim, Nordestinado, Não	38
O boi Zebu e as Formigas	42
A Triste Partida	46
Carta do Padre Antonio Vieira ao Patativa do Assaré	50
Resposta do Patativa do Assaré ao Padre Antonio Vieira	54
Coração Doente	58
O Desgosto do Medêro	61
A Fonte Milagrêra	66
Vicência e Sofia ou o Castigo de Mamãe	69
O Meu Livro	81
A Derrota de Zé Côco	89
Meu Avô Tinha Razão e a Justiça Tá Errada	101
Dois Anjo	108
Um sonho Desfeito	112
Assaré de 1957	115
Pergunta de Moradô	124
Resposta de Patrão	127
Pé Quebrado	130
A Terra é Nossa	132
Egoísmo	133
Saudade	134
A Garça e o Urubu	135
Três Beijos	137

Rosa e Rosinha	139
Meu Passarinho	140
Óios Redondo	141
Crime Imperdoável	143
Curioso e Miudinho	145
Linguage dos Óio	146
Três Moças	150
Injustiça	152
Assaré e Mossoró	154
Ele e Ela	156
Língua Ferina	158
Barriga Branca	159
O Nadador	161
Filho de Gato é Gatinho	163
Lição do Pinto	165
Seca Dágua	167
Tereza Potó	169
A Enfermeira do Pobre	171
Quadras	173
Ao Padre Miracapilo	177
No Cemitério	178
Prezado Amigo	179
Chico Forte	180
Gratidão	181
O Padre Henrique e o Dragão da Maldade	182
Desilusão	196
Reforma Agrária	197
Mote	198
Glosas	198
Saudação ao Juazeiro do Norte	201
Um Cearense Desterrado	205
Carta à Doutora Henriqueta Galeno	209
Um Candidato Político na Casa de um Caçador	212

Raimundo Jacó	221
Juazêro e Petrolina	224
Ao Reis do Baião	228
O Bicho Mais Feroz	232
Eu e o Padre Nonato	236
Castigo do Mucuim	242
Zé Limeira em carne e osso	
(Ao Poeta e Jornalista Orlando Tejo)	249
O Beato Zé Lourenço	253
A Verdade e a Mentira	255
A Realidade da Vida	257
O Alco e a Gasolina	266
Aos Irmãos Aniceto	270
Brosogó, Militão e o Diabo	272
Rogando Praga	285
Mãe de Verdade	288
Eu e a Pitombêra	293
Inleição Direta 1984	298
O Agregado e o Operário	302
Acuado	305
Ao Poeta B. C. Neto	307

Patativa do Assaré
— Depoimento

Eu nasci no dia 5 de março de 1909, no lugar denominado Serra de Santana, que fica no interior do Estado do Ceará, pertencendo ainda a região do Cariri. A Serra de Santana esta distante da cidade de Assaré 18km. O meu pai, um pobre agricultor, Pedro Gonçalves da Silva, e minha mãe, Maria Pereira da Silva. Deste casal nasceram cinco filhos: José, Antônio, Joaquim, Pedro e Maria. Eu sou o segundo filho, o Antônio Gonçalves Silva. Quando meu pai morreu, eu fiquei apenas com 9 anos de idade. Meu pai morreu muito moço. E eu, ao lado dos meus irmãos e da minha mãe, tivemos que enfrentar a vida de pobre agricultor, no diminuto terreno que meu pai deixou como herança. Na idade de 12 anos eu freqüentei uma escola lá mesmo no campo, onde vivia e onde ainda estou vivendo. Nesta escola o professor era muito atrasado, embora muito bom, muito cuidadoso, mas o coitado não conhecia nem sequer a pontuação. Eu aprendi apenas a ler, sem ponto de português, sem vírgula, sem ponto, sem nada, mas como sempre a minha maior distração foi a poesia e a leitura, quando eu tinha tempo, chegava da roça, ao meio-dia ou à noite, a minha distração era ler, ler e ouvir outro ler para mim, o meu irmão mais velho, José. Ele lia sempre os folhetos de cordel e foi daí de onde surgiu a minha inspiração para fazer poesia. Eu comecei a fazer verso com 12 anos de idade. E continuei sempre na vida de agricultor e ali entre meus irmãos e ao lado da minha mãe. Com 16 anos, eu comprei uma viola e comecei a cantar de improviso. Naquele tempo, 16 anos, eu já improvisava, mesmo glosando, sem ser ao pé da viola. Comprei a viola e que comecei a cantar também, não fazendo profissão. Eu cantava assim por esporte, atendendo convite especial, renovação de santo, casamento que não ia haver dança, também aniversários de pessoas amigas. O certo que eu só cantava ao som da viola atendendo convite especial.

Com 20 anos de idade, um primo legítimo da minha mãe, um negociante que morava no Pará, veio visitar a família que aos 15 anos havia saído do Assaré, então foi à casa da minha mãe e me ouviu cantar ao som da viola. Ficou encantado e maravilhado com os meus improvisos e pediu carinhosamente à minha mãe para que deixasse eu ir com ele ao Pará, que custearia todas as despesas e ela não tivesse cuidado que eu voltaria quando quisesse. Então, a minha mãe, muito chorosa, pela amizade e atenção que tinha ao primo, consentiu que eu fosse. Eu viajei ao Pará, eu tinha 20 anos naquele tempo. Viajei com tio, chegando lá ele me apresentou ao escritor Cearense José Carvalho de Brito, autor do livro "O Matuto Cearense e o Caboclo do Pará", em cujo volume eu tenho um capítulo. José Carvalho me recebeu com a maior atenção e me pediu uns versos para publicar no "Correio do Ceará". E ele era redator do "Correio do Ceará". Ele colaborava no "Correio do Ceará". Então, no final dos versos, ele faz a apreciação dele, fazendo uma referência sobre meus versos e disse que a espontaneidade da minha poesia tinha semelhança, se assemelhava ao canto sonoro da patativa do Nordeste, a nossa patativa aqui do Ceará. E então o jornal circulou, daquele tempo para cá, eu já com 20 anos, foi que começaram a me chamar Patativa. Posso dizer que foi José Carvalho Brito que pôs esse apelido que o povo hoje conhece, esta alcunha. Patativa do Assaré. Depois começou a surgir outro Patativa por aí afora também fazendo versos, cantando ao som da viola, e o povo, para distinguir, quando se falava de uma poesia que povo gostava, perguntava logo: é o do Patativa do Assaré? Só quero se for do Patativa do Assaré, sendo do Patativa do Assaré eu quero. Então começaram a me tratar Patativa do Assaré. E com muito direito, porque Assaré é a minha terra, a minha cidade. Sim, como eu ia dizendo, lá em Belém do Pará eu desci para Macapá, onde morava outro primo legítimo da minha mãe. Lá eu passei um dia, mas achei a vida trancada, uma vida insípida, uma vida sem distração, eu só podia sair de dentro de uma casa se levado por outra pessoa, porque lá a gente sai de dentro de casa já é na canoa, desce da porta não é escada, sai de dentro da canoa e então vai para outra casa, que é tudo alagado. Então eu não agüentei e passei apenas dois meses lá. Voltei a Belém do Pará, para casa do outro tio, daí fui às colônias do Pará, cantei com os cantadores das colônias, Francisco Chagas, Antônio Merêncio, Rufino Galvão, mas a saudade danada não me deixou demorar mais no Pará. Passei apenas 5 meses e tantos dias e voltei ao Ceará.

De volta ao Ceará, José Carvalho de Brito, que era muito amigo de Dra. Henriqueta Galeno, filha do afamado poeta Juvenal Galeno, me deu uma carta de recomendação para a Dra. Henriqueta Galeno. Eu, chegando aqui, entreguei a carta, ela leu e me recebeu no salão de Juvenal Galeno, como ela sempre recebeu um poeta de classe, um poeta de cultura, um poeta erudito. Ali fiz alguns improvisos, cantei ao som da viola, porque eu trazia minha viola. Então eu voltei novamente ao Assaré, 5 meses e tantos dias. Cheguei lá, recomecei a minha vida de roceiro, sempre trabalhando e sem nunca mais viajar, porém sempre fazendo versos. E já tinha uma farta bagagem de produções, quando o latinista José Arrais de Alencar, vindo do Rio de Janeiro, onde ele morava, visitar a D. Silvinha, a sua mãe, ouviu o programa na rádio Araripe, onde eu estava recitando verso.

Perguntou de quem era, quem era aquela pessoa que recitava versos tão dignos de atenção e próprios de divulgação. Aí disseram a ele que era um caboclo, um roceiro, um agricultor. Então ele mandou me chamar. Eu fui à presença dele, ele ficou muito satisfeito, recitei muita poesia para ele, pois a minha bagagem, que dava um volume, eu tinha toda na mente, toda guardada na memória, e ele perguntou: porque você não publica essa poesia, esta coisa tão admirável que você tem, tantos versos próprios de divulgação! Eu respondi: doutor, porque eu não posso, eu sou pobre, sou roceiro, nem sequer nunca pensei em publicar alguma coisa. Ele disse: pois você vai publicar o seu livro. Você, eu publico seu livro e você pagará o impresso com a venda do próprio livro. Então eu respondi: doutor, e se o livro não tiver sorte, como é que acontece? Então ele disse: você é um vencido, não tem coragem. E com certeza a sua honestidade é grande. Ficou com medo de ficar devendo algum dinheiro? Não, não acontecerá isso. E se assim acontecer, você não ficará devendo um vintém a seu ninguém. Você não tá pedindo para ninguém publicar seu livro. E na presença estava o Dr. Moacir Mota, que era gerente do Banco do Brasil na cidade do Crato, filho do saudoso Leonardo Mota, poeta, e se ofereceu para datilografar as minhas produções, sem me cobrar um vintém. E assim fez. A cópia foi datilografada na cidade de Crato pelo Dr. Moacir Mota, foi remetida para o Rio de Janeiro, lá o Dr. José Arrais de Alencar, esse latinista, homem de profundo conhecimento, publicou meu livro na editora Borçoi e remeteu para o Banco do Brasil, foi guardado no Banco do Brasil, de onde eu tirava os volumes e vendia aí pelo Assaré, no meio do meu conhecimento. Fizemos lançamento também no Crato, o certo é que eu paguei com facilidade o impresso desse livro. No ano de 66, o mesmo livro foi editado, a 2ª edição, com o aumento de um livrozinho que eu tinha, com o título *Can-*

tos de Patativa. Cantos de Patativa era um livrozinho que eu tinha, um livro inédito, com o qual eu ampliei o "Inspiração Nordestina", na sua 2ª edição, na mesma editora Borçoi, no Rio de Janeiro onde estive 4 meses. Lá no Rio de Janeiro, quando saiu a impressão do meu livro, eu tive um dos prazeres maiores da minha vida. É que lá, eu sem conhecimento para a venda do meu livro, e o Borçoi, o dono da editora, publicou fazendo o mesmo negócio, para eu pagar com a venda do próprio livro, eu dando apenas uma entrada de meu. Aí então eu sabendo que no Ceará era onde eu poderia vender com facilidade, fui à presença do Dr. Borçoi e falei para ele: digo, doutor, eu venho aqui tratar de negócios com o senhor. É que o meu livro aqui eu não posso vender com facilidade, não tenho conhecimento, sou muito tímido, sou muito pessimista e eu vou voltar ao Ceará, que lá eu vendo e então enviarei o dinheiro. Venha para que a gente assine aqui um documento, uma promissória de tudo e ele respondeu: poeta, tem quatro meses que você está aqui no Rio, eu já estou lhe conhecendo, já conheço assim, fiquei conhecendo a sua índole, a sua honestidade, sua capacidade. Olha, volta lá para o teu Ceará, com os teus livros, eu apenas te dou este cartão do banco para onde você vai remeter o dinheiro e pode me pagar parceladamente e eu estou confiando e sei que recebo o dinheiro. Ora, eu voltei muito satisfeito dele me confiar e, se eu tinha desejo de pagar com brevidade, ainda mais me cresceu esse desejo de fazer isso com a maior facilidade.

No ano de 70, o Prof. J. de Figueiredo Filho publicou um livro, esse livre eu não posso dizer que ele é meu, porque o comentarista do livro é o J. de Figueiredo Filho. A poesia é toda minha, mas o livro foi apresentado por ele, que é: "O Patativa do Assaré". Ele mesmo se explica e diz: o livro é meu? Não, o livro não é meu. O livro é do poeta Patativa. Eu sou apenas o comentarista do livro, sou apenas o apresentador. Então o "Patativa do Assaré" já foi esgotado, o "Inspiração Nordestina" foi também esgotado, eu só tenho publicado os meus livros por iniciativa dos homens de cultura, como agora mesmo o "Cante Lá que Eu Canto Cá". O "Cante Lá que Eu Canto Cá" foi iniciativa do homem de letras, o prof. Plácido Cidade Nuvens.

Ele veio a mim e disse: olhe, vamos publicar o seu livro, o livro, um novo livro. Eu disse: você pode? Pode, porque a fundação Pe. Ibiapina está aqui para trabalhar e apresentar aquilo que de melhor tem na região e eu não vejo outra coisa melhor do que a sua capacidade de fazer versos, essa sua cultura popular, esse seu pensamento de penetrar em todos os assuntos sociais e cantar a vida do povo. E nós vamos publicar o seu livro. Eu mesmo serei o portador para me entender com a Editora Vozes, faço negócio e então vamos publicar o seu livro. Eu faço isso não é interesse de você ganhar dinheiro porque o poeta, aqui no Brasil, ele não ganha dinheiro, mas ele é a riqueza da divulgação. É um documentário que eu quero deixar aqui na fundação Pe. Ibiapina e esse documentário ficará não só aqui como em outros lugares. E assim foi, que a minha vida tem sido assim. Tido isso sem eu deixar meu trabalho na roça. Eu nunca de mim próprio procurei voluntariamente publicar um livro. São os apreciadores, os interessados pela cultura popular que me procuram, pois até mesmo da Inglaterra veio o Dr. Collin à minha casa, passou aí 3 dias, conversou muito comigo, é um escritor que já escreveu, já tem livros publicados, como ele tem um livro de título Gente da Gente, que é sobre os índios da Guiana Inglesa. Recebi uma carta desse escritor, Dr. Collin, lá de Londres, pedindo licença para traduzir o meu livro "Cante Lá que Eu Canto Cá" em língua inglesa. Eu disse a ele que sim. E ele disse: olha, Patativa, o apresentador e o tradutor que sou eu, não quero ganhar um centavo nesse trabalho. Será todo seu.

E você querendo poderá oferecer à Fundação Pe. Ibiapina. Pois bem, isto aqui é uma história, é uma parte da história da minha vida. Tudo isso eu tenho feito sem deixar o meu trabalho de roça lá na Serra de Santana, lugar onde eu nasci, tenho vivido e hei de viver o resto da minha vida, porque nunca me habituei à vida da cidade, sempre o meu mundo foi a minha poesia e a minha família e aonde eu quero viver o resto da minha vida. E ali mesmo eu hei de morrer, se Deus quiser, um dia feliz.

Voltando do Pará e demorando uns dias aqui em Fortaleza, fui parar no Assaré. Lá recomecei minha vida de agricultor, nos meus 21 anos de idade. Quando cheguei aos 25 anos de idade eu casei com uma serrana, uma rapadeira de mandioca, uma cabocla que eu já conhecia desde menina, que é a Belarmina Gonçalves Cidrão, conhecida por Belinha. Aí comecei, recomecei, continuei a minha vida de casado, me senti muito feliz e essa felicidade ainda hoje continua. Sou pai de 7 filhos, 4 homens e 3 mulheres: Afonso, Pedro, Geraldo, João Batista, Lúcia, Inês e Miriam. É esta a minha família, é esse meu mundo que me sinto feliz e vivo entre eles e é por isso que eu quero estar semprte na Serra de Santana, pois é onde está toda essa minha família, todos continuando na vida do velho Patativa, tratando da agricultura, naquela vida pobre do camponês, a minha esposa muito paciente, muito trabalhadora, muito carinhosa e graças a Deus já estou com 70 anos, mas minha felicidade sempre continua, porque a felicidade para mim não é possuir dinheiro, não é ser um fazendeiro, não é esse estado financeiro muito fraco. A felicidade consiste em a pessoa viver dentro da harmonia com todos e principalmente com seus familiares. E é por isso que me sinto muito feliz.

Em 1973, sendo convidado aqui para o sesquicentenário de Fortaleza, no mês de agosto, tive a infelicidade de ser acidentado. Ia atravessando a Av. Duques de Caxias, fui colhido por um carro e quando recobrei os sentidos eu já estava em cima da cama de operação, no hospital, e então foi uma infelicidade para mim. Bota gesso, tira gesso, e ali passei 11 meses e não recuperei. Então resolvi ir ao Rio de Janeiro, pois eu tenho parentes e amigos. Dr. Mário Dias Alencar, que é meu parente e é filho de Assaré, mandou me buscar para o Rio de Janeiro. Ele não é ortopedista, ele é operador de outras coisas, viu? Mas me pôs lá no Hospital S. Francisco de Assis, onde um professor de ortopedia operou minha perna, pelejou, ainda houve duas operações, mas lá já cheguei retardado e fui obrigado a pôr um aparelho ortopédico, com o auxílio do mesmo é que eu vivo me locomovendo e ando, vou por onde quero. Queriam amputar minha perna, mas eu me danei, não deixei. Não deixei, não, eu não queria minha perna cortada, não. E o médico teimou comigo e disse: você não vai agüentar que é um aparelho ortopédico, dói muito e talvez até ainda tire ele para mandar amputar a perna. Então fiz a seguinte pergunta: doutor, há perigo de infeccionar? A perna vai infeccionar com esse aparelho ortopédico? Ele disse: não, não infecciona, não. Dói é muito pra que você possa se acostumar. Eu digo: ah, doutor, pois eu já sei que me acostumo. Eu sou é cabeça do mato, acostumado a levar pancada de pau quando estou brocado, coice de animais, quanta coisa tem. Eu já tô acostumado com o embate da vida. Aí então botou o aparelho ortopédico, doeu por mim, parente, amigo, o diabo a sete, mas me acostumei e hoje estou andando para onde quero, embora com dificuldade, mas não me dói. Em compensação eu não relembro aquele verso, mas pelo menos meu acidente foi no dia 13 de agosto e eu não tenho superstição. E o povo sempre comentava: mas Patativa, além de ser no mês de agosto, ainda mais no dia 13. Você foi muito feliz, porque este mês, não sei o quê... Então fiz este soneto:

Foi a 13 de agosto que um transporte
Me colheu quebrou a minha perna
E ainda hoje padeço o duro corte
Que me aflige, me atrasa e me consterna.

Diz alguém que esta data é quem governa
Os desastres, nos dando triste sorte
Apesar da ciência tão moderna
Nossa estrela se apaga e não tem norte.

Mesmo sofrendo a minha sorte crua,
Não direi nunca que esta culpa é tua
13 de agosto de 73.

Porém, tratado com desdém será
E a classe ingênua não perdoará
Porque te chama de agourento mês.

Eu sou um caboclo roceiro que, como poeta, canto sempre a vida do povo. O meu problema é cantar a vida do povo, o sofrimento do meu Nordeste, principalmente daqueles que não têm terra, porque o ano presente, esse ano que está se findando, não foi uma seca, podemos dizer que não foi a seca. Lá pelo interior, mesmo no município de Assaré, lá no Assaré, tem duas frentes de serviço, com muita gente. Mas naquela frente de serviço nós podemos observar que é só dos desgraçados que não possuem terra. Os camponeses que possuem terra não sofrem estas conseqüências e não precisam recorrer ao trabalho de emergência, como os agregados e esses outros desgraçados trabalham na terra dos patrões. E é isso que eu mais sinto: é ver um homem que tanto trabalha, pai de família e não possui um palmo de terra. É por isso que é preciso que haja um meio da reforma agrária chegar, uma reforma agrária que chegue para o povo que não tem terra. Por isso eu digo neste meu soneto "Reforma Agrária":

Pobre agregado, força de gigante,
escuta, amigo, o que te digo agora.
Depois da treva vem a linda aurora
e a tua estrela surgirá brilhante.

Pensando em ti eu vivo a todo instante
minh'alma triste, desolada chora
quando eu te vejo pelo mundo afora
vagando incerto qual judeu errante.

Para saíres da fatal fadiga
do invisível jugo que cruel te obriga
a padecer a situação precária,

lutai altivo, corajoso e esperto
pois só verás o teu país liberto
se conseguires a reforma agrária.

E esta luta pela reforma agrária e pelo sindicato dos camponeses, mas o verdadeiro sindicato conduzido pelos próprios camponeses, procurando, reivindicando os seus direitos, é preciso que continue até chegar o tempo do camponês sofrer menos do que vem sofrendo. Precisa fazer como eu digo nos meus versos "Lição do Pinto", pois o pinto sai do ovo porque trabalha. Ele belisca a casca do ovo, rompe e sai. É assim que o povo também deve fazer, unido sempre, trabalhando.

> Depoimento concedido a Rosemberg Cariry, no Crato, em 1979.

Eu e meu campina

Assaré, terra querida,
Nestes versos que componho
Te digo que em minha vida
Tu és o meu grande sonho,
Desde o vale até o monte
És a milagrosa fonte
De minhas inspirações,
Meu Torrão de sol ardente
Banhado pela corrente
Do rio dos Bastiões.

Foi em mil e novecentos
E nove que eu vim ao mundo,
Meus pais naqueles momentos
Tiveram prazer profundo,
Foi na Serra de Santana
Em uma pobre choupana
Humilde e modesto lar,
Foi onde eu nasci
Em cinco de março vi
Os raios da luz solar.

Eu nasci ouvindo cantos
Das aves de minha terra
E vendo os lindos encantos
Que a mata bonita encerra.
Foi ali que eu fui crescendo.
Fui lendo e fui aprendendo
No livro da Natureza
Onde Deus é mais visível,
O coração mais sensível
E a vida tem mais pureza.

Sem poder fazer escolhas
De livro artificial.
Estudei nas lindas folhas
Do meu livro natural
E assim longe da cidade
Lendo nesta faculdade
Que tem todos os sinais,
Com estes estudos meus
Aprendi amar a Deus
Na vida dos animais.

Quando canto o sabiá
Sem nunca ter tido estudo,
Eu vejo que Deus está
Por dentro daquilo tudo,
Aquele pássaro amado
No seu gorjeio sagrado
Nunca uma nota falhou,
Na sua canção amena
Só diz o que Deus ordena,
Só canta o que Deus mandou.

Cresci entre os campos belos
De minha adorada Serra,
Compondo versos singelos
Brotados da própria terra,
Inspirado nos primores
Dos campos com suas flores
De variados formatos
Que pra mim são obras-primas,
Sem nunca invejar as rimas
Dos poetas literatos

Vivendo naquele meio
Sentindo prazer infindo
De doces venturas cheio
Naquele quadro silvestre
A voz do Divino Mestre
Falando dentro de mim:
— Não lamentes a pobreza
Pois tu tens grande riqueza,
Felicidade é assim.

E eu passava sorridente
A tarde, a noite e a manhã
Sem nunca me entrar na mente
A falsa riqueza vã,
Mas por capricho da sorte
Vi que a estrela do meu norte
Deixou de me proteger,
Saí do meu paraíso
Porque na vida é preciso
Gozar e também sofrer.

Com setenta anos de idade
O destino me fez guerra.
Fui residir na cidade
Deixando a querida Serra.
Minha Serra pequenina.
Mas um galo de campina
De trazer não me esqueci
Porque neste passarinho
Estou vendo um pedacinho
Lá do sítio onde eu nasci.

Me envolve nesta cidade
Certa sombra de tristeza
Sentindo a roxa saudade
Das vozes da Natureza,
Longe daquele ambiente
Tão puro e tão inocente
Que me prende e que me encanta,
Tenho apenas esta lira,
Um coração que suspira
E um passarinho que canta.

Canta campina, o teu canto
Faz diminuir meu tédio
Para aplacar o meu pranto
A tua voz é o remédio,
Neste nosso esconderijo
És o único regozijo
Para os tristes dias meus,
Tu és meu anjo divino
E este teu canto é um hino
Louvando o poder de Deus.

Por dentro da mesma linha
Nossa vida continua
A tua sorte é a minha
E a minha sorte é a tua,
Se vivendo na cidade
Tu cantas uma saudade,
Saudade o teu dono tem,
Meu querido companheiro
Se tu és prisioneiro
Eu vivo preso também.

Se tu tens a tua história
Que o mau destino te deu,
Perdi também uma glória,
O mesmo padeço eu,
Meu querido passarinho
Vamos no mesmo caminho
Seguimos a mesma meta,
Padecem a mesma sina
O poeta do campina
E o campina do poeta.

Era boa a tua vida
Porque vivias liberto
E para tua dormida
Tu tinha o ponto certo,
Mas não lamentes o fado
Vivemos hoje preso ao lado
Deste teu pobre senhor,
Quem sabe se no porvir
Tu não irias cair
Nas armas do caçador?

Eu te conduzi do mato
Com desvelo e com carinho
Porque neste mundo ingrato
Ninguém quer viver sozinho.
Se a mesma sorte tivemos
Juntinhos nós viveremos
Por ordem do Criador,
Neste sombrio recanto
Tu, consolando meu pranto
E eu cantando a tua dor.

Ispinho e fulô

É nascê, vivê e morrê
Nossa herança naturá
Todos tem que obedecê
Sem tê a quem se quexá,
Foi o autô da Natureza
Com o seu pudê e grandeza
Quem traçou nosso caminho,
Cada quá na sua estrada
Tem nesta vida penada
Pôca fulô e muito ispinho.

Até a propa criança
Tão nova e tão atraente
Conduzindo a mesma herança
Sai do seu berço inocente,
Se passa aquele anjo lindo
Hora e mais hora se rindo
E algumas horas chorando,
É que aquela criatura
Já tem na inocença pura
Ispinho lhe cutucando.

Fora da infança querida
No seu uso de razão
Vê muntas fulô caída
Machucada pelo chão.
Pois vê neste mundo ingrato
Injustiça, assassinato
E uns aos outros presseguindo
E assim nós vamo penando
Vendo os ispinho omentando
E as fulô diminuindo.

Nosso tempo de rapaz
Quando a gente ama e qué bem
Tudo que é bom ele traz,
Tudo que é bom ele tem,
Nossa vida é um tesôro,
De bêjo, abraço e namoro
De fantasia e de canto
De ilusão e de carinho
Não se vê nem um ispinho,
É fulô por todo o canto.

Depois vem o casamento
Trazendo a lua de mé,
O maió contentamento
Que goza o home e a muié,
Mas depois que a lua passa
Já vão ficando sem graça
Pois é preciso infrentá
A obrigação que eles tem
Porque Deus não faz ninguém
Pra vivê sem trabaiá.

Mais tarde chega a criança
Que o casal tanto queria,
Rosinha como a esperança
Enche a casa de alegria,
No dia da sua vinda
Todos diz: Ô coisa linda!
Pra repará todos vem
A criancinha mimosa
Tão linda iguamente a rosa,
Mas traz ispinho também.

Quando um casá se separa
Rebenta duas ferida,
Ferida que nunca sara,
Pois a dô é repartida,
Cumprindo a sorte misquinha,
Nem mesmo uma fulôzinha
Aos desgraçados acompanha,
Cada quá no seu caminho
Topa toceira de ispinho
Que o chique-chique não ganha.

A vida tem um tempêro
De alegria e de rigô
Derne o mais pobre trapêro
Ao mais ricaço dotô
Na roda desta ciranda
O mundo intêro disanda,
Não ficou pra um sozinho,
O sofrimento é comum
A estrada de cada um
Sempre tem fulô e ispinho.

ISPINHO E FULÔ

Sem chorá ninguém tulera
De uma sêca a tirania.
O rapapé da misera
Ispaia as pobre famia.
O ispinho da precisão
Fura em cada coração,
Seca as águas no regato,
A mata fica dispida,
Não se vê fulô no mato.

Para o véio que ficou
Sem corage e sem assunto
Só resta as triste fulô
Com que se enfeita difunto.
Vem a doença e lhe inframa
E ele recebe na cama
Na sua eterna partida
Sem tá sabendo de nada
A derradêra furada
Do ispinho da nossa vida.

ANTONIO CONSELHEIRO

Cada um na vida tem
O direito de julgar
Como tenho o meu também
Com razão quero falar
Nestes meus versos singelos
Mas de sentimentos belos
Sobre um grande brasileiro
Cearense meu conterrâneo,
Líder sensato e espontâneo,
Nosso Antonio Conselheiro.

Este cearense nasceu
Lá em Quixeramobim,
Se eu sei como ele viveu
Sei como foi o seu fim,
Quando em Canudos chegou
Com amor organizou
Um ambiente comum
Sem enredos nem engodos,
ali era um por todos
e eram todos por um.

Não pode ser justiceiro
E nem verdadeiro é
O que diz que o Conselheiro
Enganava a boa fé.
O Conselheiro queria
Acabar com a anarquia
Do grande contra o pequeno,
Pregava no seu sermão
Aquela mesma missão
Que pregava o Nazareno.

Seguindo um caminho novo
Mostrando a lei da verdade
Incutia entre o seu povo
Amor e fraternidade,
Em favor do bem comum
Ajudava cada um,
Foi trabalhador e ordeiro
Derramando o seu suor,
Foi ele o líder maior
Do nordeste brasileiro.

Sem haver contrariedades
Explicava muito bem
Aquelas mesmas verdades
Que o Santo Evangelho tem,
Pregava em sua missão
Contra a feia exploração
E assim, evangelizando,
Com o progresso estupendo
Canudos ia crescendo
E a notícia se espalhando.

O pobrezinho agregado
E o explorado parceiro
Cada qual ia apressado
Recorrer ao Conselheiro
E o líder recebia
Muita gente todo dia,
Assim fazendo seus planos
Na luta não fracassava
Porque sabia que estava
Com os direitos humanos.

Mediante a sua instrução
Naquela scociedade
Reinava paz e união
Dentro do grau de igualdade,
Com a palavra de Deus
Ele conduzia os seus,
Era um movimento humano
De feição socialista,
Pois não era monarquista
Nem era republicano.

Desta forma na Bahia
Crescia a comunidade
E ao mesmo tempo crescia
Uma bonita cidade,
Já Antonio Conselheiro
Sonhava com o luzeiro
Da aurora de nova vida,
Era qual outro Moisés
Conduzindo seus fiéis
Para a terra prometida.

E assim bem acompanhado
Os planos a resolver
Foi mais tarde censurado
Pelos donos do poder.
O tacharam de fanático
E um caso triste e dramático
Se deu naquele local,
O poder se revoltou
E Canudos terminou
Numa guerra social.

Da catástrofe sem par
O Brasil já está ciente.
Não é preciso eu contar
Pormenorizadamente
Tudo quanto aconteceu,
O que Canudos sofreu
Nós guardamos na memória
Aquela grande chacina,
A grande carnificina
Que entristeceu a nossa história.

Quem andar pela Bahia
Chegando ao dito local
Onde aconteceu um dia
O drama triste e fatal,
Parece ouvir os gemidos
Entre os roucos estampidos
E em benefício dos seus
No momento derradeiro
O nosso herói brasileiro
Pedindo a justiça a Deus.

O GALO EGOÍSTA E O FRANGO INFELIZ

Alguém diz que nos vêm dores fatais
É porque com certeza nós pecamos,
E porque é que também observamos
A nega sorte contra os animais?

Eu vejo um animal que é bem feliz
E vejo outro que em crises permanece,
É um segredo que só Deus conhece
Porque ele é o Criador e é o Juiz.

Ninguém sabe os segredos da natura,
De opiniões há grande variedade,
Bom leitor, ouça agora por bondade
Esta história do frango sem ventura.

O terreiro de um rico um frango tinha
Tão mofino e medroso, que tolice!
Inda estava donzelo embora visse
No terreiro galinha e mais galinha.

De gozar de uma franga o seu calor
Muitas vezes pensava ele em segredo,
Porém muito assombrado, tinha medo
Dos cruéis esporões do seu senhor.

Mariscando tristonho sobre o chão
Vivia contra as leis da Natureza.
Andando a passo lento e perna tesa
E não era outra coisa, era paixão.

Resolveu coma sua dor incrível
Exigir do seu chefe uma galinha,
Outro meio de vida ele não tinha
E viver como estava era impossível.

Com o fim de fazer esta conquista
Muito alegre o seu sonho alimentava.
A seiva galinácea borbulhava
Mostrando o sangue na vermelha crista.

E chegando presente ao velho galo
Foi dizendo com grande reverência:
Grande e nobre senhor de alta potência
Com sobrada razão é que vos falo.

Eu preciso senhor neste momento
Muito humilde dizer a vossa alteza
Neste mundo da mágoa e de tristeza
Quanto é duro e cruel meu sofrimento.

Minha sorte é tão pouca, é tão mesquinha,
Que eu já sei encrespar as minhas asas
As glândulas parecem duas brasas,
Porém nunca beijei uma galinha.

Se uma franga das vossas cucurica
De desejos carnais fico tremendo.
Só eu sei meu senhor, só eu entendo
Aqui dentro de mim como é que fica.

Eu vos peço com toda cortesia
Para mim o calor de uma franguinha
Ou de qualquer espécie de galinha
Ao menos uma vez por dia.

Será este o remédio com certeza,
Para o mal que constante me devora,
Eu não posso viver assim por fora
Dos direitos da leis da Natureza.

Pela glória da vossa grande crista,
Pelo vosso poder e majestade,
Eu confio sair da crueldade,
Desta minha sentença nunca vista.

Conhecendo estar cheio de razão
O franguinho falava paciente,
Cabisbaixo, tristonho, descontente
E não era outra coisa era paixão.

Quando o galo escutou se arrebitou
E raivoso se encheu de fúria tanta
Fez um tal grugulejo na garganta
Que a cristinha do frango amarelou.

E nervoso, raivoso e presunçoso,
Foi mostrar seu prestígio e seu conceito,
Até os pintos lhe ouviam com respeito
Parecia um sermão religioso.

Forte canto primeiro ele soltou
Como prova de grande e de valente
E depois, para o pobre penitente
Da maneira seguinte começou:

Seu patife, atrevido e desordeiro,
Minhas penas são sempre respeitadas.
Sou o grande cantor das madrugadas.
A minha fama está no mundo inteiro.

Minha vida é a mais bela epopéia,
Sou querido de toda humanidade,
Avisei de São Pedro a falsidade
Contra Cristo na antiga Galiléia.

O poeta me louva e me quer bem,
Dos terreiros do mundo eu sou o rei,
Eu bati minhas asas e cantei
Quando Cristo nasceu lá em Belém.

Meu valor sublimado eu não regulo,
Sem limite é a minha posição,
Da mais linda e suave inspiração
Fui a fonte da lira de Catulo.

Frango estúpido, veja quem sou eu,
Vai cumprir paciente o seu tormento
E não queira invejar com o seu lamento
Esta sorte que Deus me concedeu.

Seja bom, seja honesto, seja casto,
Não queira desonrar as minha penas,
De galinha só tenho três dezenas
E isto mesmo só dá para o meu gasto.

Em vez daquilo que você requer,
Terá outro remédio, outra meizinha
Um quicé, uma agulha e uma linda
Com um dedo comprido de mulher.

Sofrerá de uma faca a crueldade,
Só assim pagará em um momento
Este seu monstruoso atrevimento
Contra minha suprema autoridade.

Com a dura e cruel repreensão
O franguinho voltou desenganado
Cabisbaixo, tristonho, desolado,
E não era outra coisa era paixão.

Veja agora leitor o resultado
Da predição do chefe do terreiro,
Botaram o coitado no chiqueiro
E no dia seguinte foi capado.

Veja só que existência tão mesquinha
Deste frango que a sorte o desprezou
Durante sua vida não gozou
Da presença feliz de uma galinha.

Pensando nestas dores tão fatais
Eu pergunto ao decifrador da sorte,
Será que há também depois da morte
Um Paraíso para os animais?

NORDESTINO, SIM, NORDESTINADO, NÃO

Nunca diga nordestino
Que Deus lhe deu um destino
Causador do padecer.
Nunca diga que é o pecado
Que lhe deixa fracassado
Sem condição de viver.

Não guarde no pensamento
Que estamos no sofrimento
É pagando o que devemos,
A Providência Divina
Não nos deu a triste sina
De sofrer o que sofremos.

Deus o autor da criação
Nos dotou com a razão
Bem livres de preconceitos,
Mas os ingratos da terra
Com opressão e com guerra
Negam os nosso direitos.

Não é Deus que nos castiga,
Nem é a seca que obriga
Sofrermos dura sentença,
Não somos nordestinados,
Nós somos injustiçados
Tratados com indiferença.

Sofremos em nossa vida
Uma batalha renhida
Do irmão contra o irmão,
Nós somos injustiçados,
Nordestinos explorados,
Mas nordestinados, não.

Há muito gente que chora
Vagando de estrada afora
Sem terra, sem lar, sem pão,
Crianças esfarrapadas,
Famintas escaveiradas
Morrendo de inanição.

Sofre o neto, o filho e o pai,
Para onde o pobre vai
Sempre encontra o mesmo mal,
Esta miséria campeia
Desde a cidade à aldeia,
Do sertão à capital.

Aqueles pobres mendigos
Vão à procura de abrigos
Cheios de necessidade,
Nesta miséria tamanha
Se acabam na terra estranha
Sofrendo fome e saudade.

Mas não é o Pai Celeste
Que faz sair do Nordeste
Legiões de retirantes,
Os grandes martírios seus
Não é permissão de Deus,
É culpa dos governantes.

Já sabemos muito bem
De onde nasce e de onde vem
A raiz do grande mal.
Vem da situação crítica
Desigualdade política
Econômica e social.

Somente a fraternidade
Nos traz a felicidade,
Precisamos dar as mãos,
Para que vaidade e orgulho
Guerra, questão e barulho
Dos irmãos contra os irmãos.

Jesus Cristo, o Salvador,
Pregou a paz e o amor
Na santa doutrina sua,
O direto banqueiro
É o direito do tropeiro
Que apanha os trapos na rua.

Uma vez que o conformismo
Faz crescer o egoísmo
E a injustiça aumentar,
Em favor do bem comum
É dever de cada um
Pelos direitos lutar.

Por isto, vamos lutar,
Nós vamos reivindicar
O direito e a liberdade
Procurando em cada irmão
Justiça, paz e união,
Amor e fraternidade.

Somente o amor é capaz
E dentro de um país faz
Um só povo bem unido,
Um povo que gozará
Porque assim, já não há
Opressor nem oprimido.

O BOI ZEBU E AS FORMIGA

Um boi zebu certa vez
Moiadinho de suó,
Querem sabê o que ele fez?
Temendo o calô do só
Entendeu de demorá
E uns minutos cuchilá
Na sombra de um juazêro
Que havia dentro da mata
E firmou as quatro pata
Em riba de um formiguêro.

Já se sabe que a formiga
Cumpre a sua obrigação,
Uma com outra não briga
Veve em perfeita união
Paciente trabaiando
Suas fôia carregando
Um grande inzempro revela
Naquele seu vai e vem
E não mexe com ninguém
Sem ninguém mexê com ela.

Por isto com a chegada
Daquele grande animá
Todas ficaro zangada,
Começaro a se açanhá
E fôro se reunindo
Nas pernas do boi subindo,
Constantimente a subi,
Mas tão devagá andava
Que no começo não dava
Pra ele nada senti.

Mas porém como a formiga
Em todo canto se soca,
Dos casco até na barriga
Começou a frivioca
E no corpo se espaiando
O zebu foi se zangando
E os casco no chão batia
Mas porém não miorava,
Quanto mais coice ele dava
Mais formiga aparecia.

Com esta formigaria
Tudo picando sem dó,
O lombo do boi ardia
Mais do que na luz do só
E ele zangado as patada,
Mais a força encorporada
O valentão não agüentava,
O zebu não tava bem,
Quando ele matava cem,
Chegava mais de quinhenta.

Com a feição de guerrêra
Uma formiga animada
Gritou para as companhêra:
— Vamo minhas camarada
Acabá com o capricho
Deste ignorante bicho
Com nossa força comum
Defendendo o formiguêro
Nós somo muntos miêro
E este zebu é só um.

Tanta formiga chegô
Que a terra ali ficou cheia
Formiga de toda cô
Preta, amarela e vremêa
No boi zebu se espaiando
Cutucando e pinicando
Aqui e ali tinha um móio
E ele com grande fadiga
Pruqué já tinha formiga
Até por dentro dos óio.

Com o lombo todo ardendo
Daquele grande aperreio
O zebu saiu correndo
Fungando e berrando feio
E as formiguinha inocente
Mostraro pra toda gente
Esta lição de morá
Contra a farta de respeito
Cada um tem seu direito
Até nas lei da naturá.

As formiga a defendê
Sua casa, o formiguêro,
Botando o boi pra corrê
Da sombra do juazêro,
Mostraro nesta lição
Quanto pode a união;
Neste meu poema novo
O boi zebu qué dizê
Que é os mandão do podê,
E estas formiga é o povo.

A TRISTE PARTIDA

Setembro passou, com oitubro e novembro,
Já tamo em dezembro,
Meu Deus que é de nós?
Assim fala o pobre do seco Nordeste,
Com medo da peste,
Da fome feroz.

A treze do mês ele fez esperiença,
Perdeu sua crença
Nas pedra de sá.
Mas noutra esperiença com gosto se agarra
Pensando na barra
Do alegre Natá.

Rompeu-se o Natá, porém barra não veio,
O só bem vermeio,
Nasceu munto além.
Na copa da mata buzina a cigarra,
Ninguém vê a barra,
Pois barra não tem.

Sem chuva na terra descamba janêro,
Despois feverêro,
E o mermo verão.
Entonce o rocêro, pensando consigo,
Diz: isso é castigo!
Não chove mais não!

Apela pra maço, que é o mês preferido
Do Santo querido,
Senhô São José.
Mas nada de chuva! Tá tudo sem jeito,
Lhe foge do peito
O resto da fé.

Agora pensando segui outra tria,
Chamando a famia
Começa a dizê:
Eu vendo meu burro, meu jegue e cavalo,
Nós vamo a Sã Palo
Vivê ou morrê.

Nós vamo a Sã Palo, que a coisa tá feia,
Por terras alêia
Nós vamo vagá.
Se o nosso destino não fô tão misquinho,
Pro mermo cantinho
Nós torna a vortá.

E vende o seu burro, o jumento e o cavalo,
Inté mermo o galo
Vendero também,
Pois logo aparece feliz fazendêro
Por pôco dinhêro
Lhe compra o que tem.

Em riba do carro se junta a famia;
Chegou o triste dia,
Já vai viajá.
A seca terrive, que tudo devora
Lhe bota pra fora
Da terra natá.

O carro já corre no topo da serra,
Oiando pra terra,
Seu berço, seu lá.
Aquele nortista partido de pena,
De longe inda acena:
Adeus, Ceará!

No dia seguinte, já tudo enfadado,
E o carro embalado,
Veloz a corrê,
Tão triste, coitado, falando sodoso,
Um fio choroso
Excrama, a dizê:

— De pena e sodade, papai, sei que morro!
Meu pobre cachorro,
Quem dá de comê?
Já ôto pregunta: — Mãezinha e meu gato?
Come fome, sem trato,
Mimi vai morrê!

E a linda pequena tremendo de medo:
— Mamãe meus brinquedo!
Meu pé de fulô!
Meu pé de rosêra, coitado, ele seca!
E a minha boneca
Também lá ficou.

E assim vão dêxando, com choro gemido
Do berço querido
O céu lindo e azul.
Os pai pesaroso, nos fio pensando,
E o carro rodando
Na estrada do Sul.

Chegaro em Sã Palo – sem cobre, quebrado
O pobre, acanhado,
Procura um patrão.
Só vê cara estranha, da mais feia gente,
Tudo é diferente
Do caro torrão.

Trabaia dois ano, três ano e mais ano,
E sempre no prano
De um dia inda vim.
Mas nunca ele pode, só veve é devendo
E assim vai sofrendo
Tromento sem fim.

Se arguma nutiça das banda do Norte
Tem ele por sorte
O gôsto de uvi,
Lhe bate no peito sodade de móio
E as água dos óio
Começa a caí.

Do mundo afastado, sofrendo desprezo
Ali veve preso,
Devendo ao patrão.
O tempo rolando, vai dia, e vem dia,
E aquela famia
Não vorta mais não!

Distante da terra tão seca mais boa,
Exposto à garoa,
À lama e ao paul.
Faz pena o nortista, tão forte, tão bravo,
Vivê como escravo
Nas terra do Sul.

CARTA DO PADRE ANTONIO VIEIRA AO PATATIVA DO ASSARÉ

Toda cheia e toda farta
De verdade e de razão,
Receba aí esta carta,
Seu poeta do sertão,
Um livro você pediu
Eu lhe dei e você sumiu
Cheio de contentamento,
Ainda esperando estou
E até hoje não chegou
O seu agradecimento.

É um poeta da fama
Patativa do Assaré,
O povo todo o aclama
Mas dele eu perdi a fé,
Você tem inteligência
Porém não tem consciência,
Não cumpre com o dever,
Só quer crescer e subir
Você só sabe pedir
Mas não sabe agradecer.

Dei meu livro tão querido,
Foi boa a minha proposta,
Mas me deixou esquecido
Não mandou sua resposta,
Você pode ser famoso
Mas também é orgulhoso,
Sou obrigado a dizer
Pois não gosto de mentir,
Você só sabe pedir
Mas não sabe agradecer.

Gosta muito de cultura,
Está de livro na mão
Saboreando a leitura
Do Jumento Nosso Irmão,
Porém, enquanto vai lendo
Do autor vai se esquecendo,
Do mesmo não quer saber
Já disse e vou repetir,
Você só sabe pedir
Mas não sabe agradecer.

Por carta e por telefone
Tem recebido homenagem
E falam que da Sorbone
Já recebeu reportagem,
A sua capacidade
Sem usar fraternidade
De nada pode valer,
Vai lhe atrasar no porvir,
Você só sabe pedir
Mas não sabe agradecer.

É muito forte na rima
Mas fraco de gratidão
E só quer estar de cima
Sem olhar para o irmão,
Quando um presente recebe
O seu dever não percebe,
Vaidoso se destaca
E não diz nem obrigado,
É um bezerro enjeitado
Mama e dá coice na vaca.

Agora já lhe conheço,
Patativa do Assaré,
Do seu papel não me esqueço,
Eu já sei você quem é,
É bom para receber
Porém para agradecer
Tem a natureza fraca,
Está certo e comprovado
É um bezerro enjeitado,
Mama e dá coice na vaca.

Nesta sua poesia
A verdade a gente vê
E é por isto que eu vivia
Enganado com você,
Com um sentimento nobre
Defendendo o povo pobre
Aos políticos ataca,
Porém não vive lembrado
Que é um bezerro enjeitado
Mama e dá coice na vaca.

Muito revoltado estou,
O meu livro recebeu,
Sei que do mesmo gostou,
Não me deu prova de amigo,
O que você fez comigo
Foi feio, é quase um ardil,
É com razão que me queixo,
Por isso agora eu lhe deixo
Entre a pedra e o fuzil.

Depois desta carta lida
Você vai se arrepender,
Fica de cara lambida
Sem saber o que fazer,
Ao terminar este assunto
Curioso eu lhe pergunto:
Quando ler essa missiva
Onde é que você se esconde
Ou o que é que me responde
Seu poeta Patativa?

Resposta do Patativa
ao Padre Antonio Vieira

Meu prezado sacerdote,
Distinto Padre Vieira,
Por piedade não me bote
Entre a bola e a chuteira
Dizendo que eu sou ingrato,
Com você não fui exato,
Não cumpri com meu dever,
Para quem quiser ouvir
Fala que eu só sei pedir
Mas não sei agradecer.

Só porque me fez presente
De o Jumento Nosso Irmão
E eu por estar inocente
Não lhe mandei gratidão,
Diz que eu só sei receber
Mas não sei agradecer,
De tal maneira me ataca
Que até me faz comparado
Com o bezerro enjeitado,
Mama e dá coice na vaca.

Diz que eu sou forte na rima
Mas fraco de gratidão
E spo quero estar de cima
Sem olhar para o irmão,
Padre, eu não fico calado,
Vou defender o meu lado,
Isso é quase um insolência,
Me debochou e me lascou
Porém eu agora vou
Provar a minha inocência.

Não me jogue entre os abrolhos
Seja reto e justiceiro,
Tire a trave dos seus olhos
Para ver se eu tenho argueiro,
Você recebeu batina
E prega a santa doutrina,
É um pastor exemplar
Que a nossa igreja precisa,
Casa, confessa e batiza,
Mas não sabe perdoar.

É muito conceituado
Tem grande capacidade
Pois já foi até caçado
Que é prova de honestidade,
Segue um belo itinerário
Conduzido o breviário,
Sabe a ovelha apascentar,
É um grande confessor
Amigo do pecador,
Mas não sabe perdoar.

Sem eu ter culpa nenhuma
Você vem tirar meu couro
Me sacudindo esta ruma
De pilhéria e desaforo:
Quando o livro eu recebi
Se logo não escrevi
Mandando agradecimento,
O culpado não sou eu,
A culpa vem do lopeu,
Este azar é do jumento.

Esta culpa não é minha
E sim do pobre jumento
Que tem a sorte mesquinha
E é carga de sofrimento,
Você escreveu sobre o jegue,
Me dê razão, não me negue
E nem fique aborrecido,
Este animal de transporte
É desgraçado e sem sorte
Em todo e qualquer sentido.

Todo aquele que se atreve
Como você se atreveu
E um famoso livro escreve
Falando sobre o lopeu,
Quando um bonito exemplar
Resolve presentear
Com atenção e prazer,
O que recebe o volume
Mesmo tendo bom costume
Se esquece de agradecer.

E por isto, meu amigo,
Veja que eu tenho razão,
A culpa vem do castigo
Do Jumento nosso Irmão,
Você escreveu com arte
Porém ficou esta parte
Com a qual me justifico,
Eu me defendo e me vingo,
Não venha com choromingo,
Esta culpa é do jerico.

E para mostrar ao Padre
Que eu tenho bom coração,
Respeitando a santa Madre
Eu vou lhe dar o perdão
Pois me atacou inocente,
Me atacou inconsciente,
Um grande ataque me deu,
Fez a maior anarquia
Porque inda não sabia
Se a culpa vem de lopeu.

O jumento cochilando
Na sombra de um juazeiro
Ele está filosofando
Sobre o grande cativeiro
Do qual foi sempre sujeito,
O jegue é do mesmo jeito
Do matuto agricultor
Que trabalha até morrer
Pro mundo inteiro comer
Mas ninguém lhe dá valor.

CORAÇÃO DOENTE

Quando o coração não tem
Nenhum sinal de doença
O corpo se sente bem
Tem vigô e tem resistença,
Se o coração tem prazê
Alegra o resto do sê
Pois é ele o condutô,
Veve sempre sastisfeito
Quem pissui dentro do peito
Um coração sonhadô.

É ele um orgo incelente,
É por onde o sangue reve
Se o corpo sente, ele sente,
Sem coração ninguém veve,
Sempre a pursá sem demora,
Se a gente chora, ele chora
O que chega em nossa mente
Logo o coração precebe
Pois é ele quem recebe
O que vai do consciente.

Quando se encronta o sujeito
Por uma afrição passando
Tá também dentro do peito
O coração chucaiando,
Se o sujeito fica triste.
Na tristeza ele pressiste,
Se o sujeito tá risonho,
Logo ele muda de jeito
Batendo dentro do peito
Cheio de esperança e sonho.

Conheci um coração
Iguamente o da criança
Todo cheio de inluzão,
De paz, de amô e de esperança,
Tinha a pancada suave
Como o relojo agradave
Que não atrasa o pontêro,
Sempre a parpitá seguro
Prometendo um bom futuro
Ao resto do corpo intêro.

Inquanto alegre se rindo
Dentro do peito batia,
Cada membro ia sentindo
Aquela mesma alegria,
Tudo bem continuava
Por ele nunca passava
Uma sombra de tristeza,
Tudo era paz e bonança
Recebendo a substança
Da divida Natureza.

Este coração sadio
Começou a adoecê.
Mas os dotô, os seus fio,
Não quisero defendê
E os microbe das doença
Entraro com insistença
Numa invistida danada
E o coitado assim doente,
Foi discompassadamente
Diminuindo as pancada.

Era precioso e caro
Este grande coração,
Mas porém lhe abandonaro
Os dotô cirugião,
Microbe de toda sorte
Foi nele fazendo corte
E o pobre se consumindo
Já sem força, quase inzangue,
Os verme chupando o sangue
E os membro diminuindo.

Com o medonho fracaço
Tudo ficou deferente;
Na referença que eu faço
Este coração doente
Que eu mencionei aqui,
É tu, querido Brasi,
Pois teus fio te abandona,
Pra ti já não há mais jeito,
Agoniza no teu peito
Teu coração a Amazona.

O DESGOSTO DO MEDÊRO

Ô Joana este mundo tem
Sujeito com tanta faia
Que quanto mais qué sê bom
Mais no erro se escangaia,
Istuda mas não prospera
E pra sê burro de vera
Só farta levá cangaia.

Ô Joana, tu já deu fé,
Tu já prestou atenção,
Que tanta gente que tinha
Com nós boa relação
Anda agora deferente
Sem querê sabê da gente
Pru causa da inleição?

Óia Joana, o Benedito
Que era camarada meu
Anda agora todo duro
Sem querê falá com eu
Na maió intipatia
Pruquê vota em Malaquia
E eu vou votá no Romeu.

Se ele vota em Malaquia
E eu no Romeu vou votá
Cada quá tem seu partido
Isto é munto naturá.
Disarmonia não traz
E este motivo não faz
Nossa relação cortá.

O Zé Loló que me vendo
Brincava e dizia trova
Anda todo infarruscado
Com certa manêra nova
Sem morá e ingnorante,
Com a cara do istudante
Que não passou pela prova.

Ô meus Deus, nunca pensei
De vê o que agora tô vendo,
Joana, basta que eu lhe diga
Que até mesmo o Zé Rozendo
Anda falando grossêro
Não fala mais no dinhêro
Que ele ficou me devendo.

Pra que tanta deferença,
Pra que tanta cara estranha?
O mundo intêro conhece
Que quando chega a campanha
Tudo alegre pega fogo,
Inleição é como jogo
Quem tem mais ponto é quem ganha.

Ô meu Deus como é que eu vivo
Sem tê comunicação?
Ô Joana, só dá vontade
De sumi num sucavão
Pra ninguém me aborrecê
E somente aparecê
Quando passá as inleição.

— Medêro, não seja tolo
Pruquê você se aperreia?
Tudo isto é gente inconstante
Que sempre fez ação feia,
É gente que continua
Na mesma fase da lua,
Crescente, minguante e cheia.

— Medêro, não entristeça
Você não vai ficá só
O que fez o Benidito,
Zé Rozendo e Zé Loló
Eu sei que foi munto ruim
Porém se os home é assim
As muié são mais pió.

— Medêro, tanta muié
que dizia a todo istante?
Como é que tu vai Joaninha?
Toda fofa e elegante,
Pruquê voto no Romeu
Agora passa pru eu
Com a tromba de elefante.

Eu onte vi a Francisca
A Ginuveva e a Sofia
Dizendo até palavrão
Com Filismina e Maria.
No maió ispaiafato
Pro causa dos candidato
O Romeu e o Malaquia.

Tu não vê a Zefa Peba,
Que é até colegiá?
Nunca mais andou aqui
E agora vou lhe contá
O que ela já fez comigo
Que até merece castigo
Mas eu vou lhe perdoar.

A Zefa Peba chegou
Reparou e não vendo eu
Subiu na nossa carçada
Se isticou, gunzou, se ergueu
Com os óio de cabra morta
E tirou da nossa porta
O retrato de Romeu.

Eu tava escondida vendo
E achei aquilo bem chato
Será que ela tá pensando
Que rasgando este retrato
O Romeu fica pequeno
E tem um voto de meno
Para o nosso candidato?

Eu vi tudo que ela fez
Porém não quis arengá,
Mas no momento que vi
A Peba se retirá,
Provando que sou muié
Agarrei outro papé
Preguei no mesmo lugá.

Por isso você Medêro
Não se importe com pagode
Se lembre deste ditado
E com nada se incomode,
Tudo é farta de respeito,
"Quem é bom já nasce feito
Quem qué se fazê não pode".

A FONTE MILAGRÈRA

O finado meu avô
Era munto rezadô
Em milagre acreditava
E na minha meniniça
Cheio de amô e cariça
Munto historia me contava

Muntas vez hora e mais hora
Passava contando histora,
Contava pruquê sabia
E tudo que ia dizendo
Era mesmo que eu tá vendo,
Pois meu avô não mentia.

Um dia tando sentado
Com eu também do seu lado
Sobre um banco de aruêra,
Contou bastante sodoso
O passado vantajoso
De uma fonte milagrêra.

Disse com munto carinho:
Você tá vendo, netinho,
Aquele monte acolá
Com aquela altura imensa
Que quem repara até pensa
Que ele no céu qué tocá?

Aquele monte pelado
Com o chão todo escarvado
Já foi munto encantadô,
Tinha beleza sem fim,
Já foi um lindo jardim
Do mais bonito verdô.

Ele tem a sua histora,
Seu passado de gulora
De alegria e de ventura
E hoje tá naquele estado,
Bem diz um véio ditado
Que o qué bom, bem pôco dura.

É preciso que eu lhe conte,
Bem no pé daquele monte
Tem uma grande pedrêra
E entre aquelas pedra havia
As água pura e sadia
De uma fonte milagrêra.

Quem tinha fé e se banhava
Naquelas água curava
Qualqué doença reimosa,
Munta gente todo dia
Tomava banho e bebia
Das água maraviosa.

Como quem faz romaria
Munta gente todo dia
No pé do monte chegava,
E até mesmo o mal do peito
Que os dotô não dava jeito
Aquelas água curava.

De gente que ali chegava
As estrada friviava
Como caminho de fêra
E todos que tinha crença
Curava suas doença
Na água da milagrêra.

Mas nosso mundo sem fim
Tem munto sujeito ruim
De baxo procedimento
Sem arma e sem coração
Que qué obtê perdão
Sem tê arrependimento.

Certo dia um delegado
Se largou do seus coitado
E um banho nela tomou,
Com este banho danado
Ele não ficou curado
E a linda fonte secou.

Depois que secou a fonte
Ficou triste aquele monte
Como o doente que chora,
Veja, querido netinho,
Até mesmo os passarinho
Voaro e foro se embora.

Para a pessoa descrente
Milagre não dá pra frente,
Quem sabe! Quem advinha!
Quem é que pode jurgá,
Quantos pecado mortá
Este delegado tinha?

Vicência e Sofia ou o castigo de mamãe

Vou dá uma prova franca
Falando pra seu dotô.
Gente preta e gente branca
Tudo é de Nosso Sinhô,
Mas tem branco inconsciente
Que querendo sê decente
Diz que o preto faz e nega,
Que o preto tem toda fáia,
Não vê os rabo de páia
Que muntos branco carrega.

Pra sabê que o preto tem
Capacidade e valia
Não vou mexê com ninguém
Provo é na minha famia;
Eu sou branco quage lôro,
Mas no premêro namoro,
Com a santa proteção
Da Divina Providença,
Eu casei com a Vicença
Preta da cô de carvão.

Ela não tinha beleza,
Não vou menti, nem negá,
Mas tinha delicadeza
E sabia trabaiá.
Venta chata, beiço grosso
E muito curto o pescoço,
Disto tudo eu dava fé,
A feiúra eu não escondo,
Os óio grande e redondo
Que nem os do caboré.

Mas Deus com sua ciença
Em tudo faz as mistura,
A bondade de Vicença
Tirava a sua feiúra
E o amô não é brinquedo,
Amô é grande segredo
Que nem o saibo revela.
Quando a Vicença falava
Parece que Deus mandava
Que eu me casasse com ela.

Houve um baruio do Diacho,
Papai e mamãe não queria
Foro arriba e foro abaxo
Mode vê se eu desistia,
Um falava, outro falava,
Porém do jeito que eu tava
Eu não podia deixá,
Eu tava que nem ureca
Que depois que prega e seca,
Não tem quem possa arrancá.

Mamãe dizia: Romeu,
Veja a grande deferença,
Vejo a cô que Deus lhe deu
E o pretume da Vivença,
Tenha vergonha, se ajeite,
Aquela pipa de azeite,
Não serve de companhia,
Isto é papé do Capeta,
Você com aquela preta
Desgraça nossa famia.

Isso muito me aborrece
Que futuro você acha
Nesta preta que parece
Um tubo sujo de graxa?
Lhe dou um conseio agora;
Deixe tudo e vá se embora
Ganhá dinhêro no sul,
Venda o meu burro e o cavalo
Vá se embora pra São Palo,
Acabe com esse angu.

Mande a sua opinião,
Se não você fica à tôa,
Eu não lhe boto benção
E o sei pai lhe amardiçôa.
Este infeliz casamento
Só vai lhe dá sofrimento
Isto, eu digo e em Deus confio,
Você vai se arrependê
Depois, mais tarde vai tê
Vergonha até de seus fio.

Fio com mãe não discute.
Mas porém com esta briga.
Eu disse: mamãe, escute.
É preciso que eu lhe diga.
Não fale da fia alêia.
A Vicença é preta e feia.
Não vou lhe dizê que não
Disto tudo eu já dei fé,
Mas eu não quero muié
Pra botá na exposição.

Mamãe, eu quero muié
É promode me ajudá
Fazê comida e café
E a minha vida zelá
E aquela é uma pessoa
Que pra mim tá muito boa,
O que é que a senhora pensa?
Lhe digo sem brincadêra
Mamãe é trabaiadêra
Mas não vai com a Vicença.

Dotô, mamãe desta vez
De raiva ficou cinzenta,
Fungou igual uma rez
Quando cai água nas venta,
Com raiva saiu de perto
E eu achei que eu tava certo
Defendendo meu amô,
Pois tenho na minha mente
Que o negro também é gente,
Pertence a Nosso Sinhô.

Eu disse: eu vou é botá
Meu casamento pra riba,
Tenho idade de casá
Não vejo quem me improíba,
Saí como quem não foge
Fui na casa de seu Joge
Cheguei lá, pedi licença
E tratei do meu noivado;
Ficou tudo admirado
Do meu amô por Vicença.

E eu disse: mamãe e papai
O casamento não qué,
Mas porém a coisa vai
Mesmo havendo rapapé.
Seu Joge eu quero é depressa
Já dei a minha promessa
E eu prometendo não nego,
Mesmo, eu conheço o direito,
Casamento deste jeito
Se faz é trás e zás, nó cego.

Seu Joge com muito gosto
Fez as obrigação dele
Pois era forte e disposto,
Que eu nunca vi como aquele,
Depois que fez os preparo
Convidou seu Januaro
Um bom tocadô que eu acho
Que é com seu dom soberano,
O maió pernambucano
Pra tocá nos oito baxo.

Com a pressa que nós tinha,
Seu Joge tomou a frente
Como quem caça mezinha
Quando tá com dô de dente.
É depressa, sem demora,
Veio o dia e veio a hora
Do mais feliz casamento
E perto do só se pô
Seu Januaro chegou
Montando no seu jumento.

Eita festona animada
Maó não podia sê
O tamanho da latada
Não é bom nem se dizê,
Sogra, sogro e seus parente
Brincava tudo contente,
Cada quá o mais feliz,
Porém, ninguém puxou fogo,
Nem houve banca de jogo
Porque seu Joge não quis.

Era noite de luá
E a lua o mundo briando
Dentro das lei naturá,
Lá pelo espaço, vagando,
Pura como a consciença
Da minha noiva Vicença,
O meu amparo e meu bem,
Parece até que se ria
E pras estrela dizia:
Romeu tá de parabém.

Seu Januaro sem medo
Tomou um pequeno gole
E foi molegando os dedo
No tecrado do seu fole,
E véio, o moço e a criança
Caíro dentro da dança
Com uma alegria imensa
E eu com a noiva dançando,
Já ia me acostumando
Com o suó de Vicença.

Seu dotô, eu sei que arguém
Não me acredita e me xinga,
Mas do suó do meu bem
Eu nunca senti catinga,
Esta vaidade tola
Da branca cronta a criola,
A maió bestêra é,
Com tudo a gente se arruma,
Quarqué home se acostuma
Com o chêro das muié.

Seu moço, não ache ruim,
Pois eu vou continuá
Uma historia boa assim
Só se conta devagá.
Já disse com paciença
Que eu casei com a Vicença,
É este o premêro trecho,
O mais mió deste mundo,
Agora eu conto o segundo
Pra o sinhô vê o desfecho.

Nem com a força do vento
A luz de Deus não se apaga
E quando chega o momento,
Aquele que deve, paga.
Munto ignorante foi
Mamãe, que Deus lhe perdoi,
E papai o seu marido,
Nenhum falava com eu,
Pra eles dois, o Romeu
Tinha desaparecido.
Mas nosso Deus Verdadeiro
Com a providença sua,
Escreve certo e linhêro
Até num arco de pua,
Lá um dia a casa cai,
Com a mamãe e com papai
Um desastre aconteceu,
Escute bem o que digo
E veja como o castigo
Na casa deles bateu.

O meu irmão, o José
Que ainda tava sortêro,
Lesado, besta e paié
Que nem peru no pulêro,
Se largou do seus coidado
E por mamãe atiçado,
Intendeu de se casá
E casou com a Sofia,
A mais bonita que havia
Praquelas banda de lá.

A Sofia era alinhada
Branca do cabelo lôro,
Diciprinada e formada
Nas escola de namoro,
O que tinha de fromosa,
Tinha também de manhosa
Dos trabaio da cozinha
Ela não sabia nada
E pra sê bem adulada
Tomou mamãe por madrinha.

Foi a maió novidade
O casoro de José,
Pra lhe dizê a verdade
Sortaro até buscapé,
Foguete, traque e chuvinho,
Com o prazê que eles tinha
Foi comida pra sobrá,
Houve armoço, janta e ceia,
Mataro até minha uveia
Que eu tinha dêxado lá.

Foi grande o contentamento
Como iguá eu nunca vi
E depois do casamento,
Era Sofia prali
E Sofia pracolá,
A mamãe que pra cantá
Nunca teve intiligença,
Sorfejava toda hora
Só porque tinha uma nora
Deferente da Vicença.

Mas pra fazê trapaiada
Sofia era cobra mansa,
Inventou umas andada
Por aquelas vizinhança
E o meu irmão sem receio
Não ligava estes passeio
Confiando na muié,
Mas porém a descarada
Tava naquelas andada
Botando chifre em José.

A coisa inda tava assim
Na base da confusão,
Arguns dizia que sim,
Outros dizia que não,
Mas foi pegada em fraglante
Lá dentro duma vazante
Nuns escondidos que tinha,
E quer sabê quem pegou?
Não foi eu, nem seu dotô,
Foi mamãe sua madrinha.

A mamãe toda tremendo
Naquele triste segundo,
Como se tivesse vendo
Uma coisa do outro mundo,
Vortou pra casa chorando
Lamentando e cramunhando
O caso que aconteceu
E a Sofia foi embora,
Largou-se de mundo afora
Nunca mais apareceu.

Por causa daquele imbruio
Minha mamãe acabou
Com a suberba e o orguio
Que sempre lhe acompanhou
Mandou pedi com urgença
Que eu fosse mais a Vicença
Mode me botá benção
Pois ela e o seu marido,
De tudo que tinha havido
Queria pedi perdão.

Com o que fez a Sofia
Mamãe virou gente boa
E dizia, minha fia
Vicença, tu me perdoa,
Como pobre penitente
Que dentro da sua mente
Um fardo de curpa leva,
Mamãe na frente da nora
Parecia a branca orora
Pedindo perdão a treva.

Se acabou a desavença
Se acabou a grande briga,
Pra ela, hoje a Vicença
É nora, fia e amiga,
Hoje o seu prazê compreto
É pintiá seus três neto
Do cabêlo arrupiado,
Cabelo mesmo de bucha
Mas mamãe puxa e ripuxa
Até que fica estirado.

E é por isso que onde eu chego,
No lugá onde eu tivé.
Ninguém fala mal de nêgo
Que seja home ou muié:
O preto tendo respeito
Goza de justo dereito
De sê cidadão de bem,
A Vicença é toda minha
E eu não dou minha pretinha
Por branca de seu ninguém.

Se de quarqué parte eu venho,
Entro na minha morada
E aquilo que eu quero tenho.
Tudo na hora marcada
Da sala até a cozinha
E a Vicença é toda minha
E eu também sou dela só,
Eu sou home, ela é muié
E o que eu quero ela qué,
Pra que coisa mais mió.

Seu dotô, muito obrigado
Da sua grande atenção
Escutando este passado
Que serve até de lição.
Neste mundo de vaidade,
Critero, honra e bondade
Não tem nada com a cô,
Eu morro falando franco
Tanto o preto como o branco
Pertence a Nosso Senhô.

O MEU LIVRO

Meu nome é Chico Braúna
eu sou pobre de nascença,
diserdado de fortuna
mas rico de consciença.
Nas letra num tive istudo
sou mafabeto de tudo
de pai, de mãe, de parente.
Mas tenho grande prazê
Pruquê aprendi lê
duma forma deferente.

ABC nem beabá
no meu livro não se encerra.
O meu livro é naturá
é o má, o céu e a terra,
cum a sua imensidade.
Livro cheio de verdade,
de beleza e de primô,
tudo incadernado, iscrito
pelo pudê infinito
do nosso pai Criadô

O meu livro é todo cheio
de muita coisa incelente,
em suas foia é que leio
o pudê do Onipotente.
Nesta leitura suave
eu vejo coisa agradave
que muita gente não vê
por isso sou conformado
sem eu nunca tê pegado
numa carta de ABC.

Num é preciso a pessoa
cunhecê o beabá
pra sê honesta e sê boa
e em Jesus acreditá
Deus e seu milagre ixato
eu vejo mesmo nos mato
justiça, verdade e amô
de minha mente não sai
deste jeito era meu pai
e o finado meu avô.

De que adianta a ciença
do professô istudioso
se ele não crê na existença
de um grande Deus Puderoso?
Eu sem tê letra nem arte
vejo Deus em toda parte.
O seu pudê radiante
tá bem visive e presente
na mais piquena simente
e no maió elefante.

Deus é a força infinita
é o espírito sagrado
que tá vivendo e parpita
em tudo que foi criado.
Não há quem possa contá
é assunto que não dá
pra se dizê no papé
não inxiste professô
nem sábio, nem iscritô
pra sabê Deus cuma é.

Apenas se tem certeza
que ele é a santa verdade
e é a subrime grandeza
em bondade e divindade.
Porém se ele é infinito
é soberano e bendito
de tudo superiô
que até os bicho lhe adora
pruquê muitos tão pru fora
das orde do Criadô?

Deus quando o mundo criou
ordenou a paz comum
e com amô insinou
o devê de cada um,
Os home pra trabaiá
Um ao outro respeitá
e a boa istrada segui...
e os bicho irracioná
prumode se alimentá
produzi e reproduzi.

Ainda hoje os animá
as orde santa obedece
sem uma virga faltá
se alimenta, omenta e cresce
eles que nada magina
que nada raciocina
não pensa nem tem razão
continua sem disorde
sempre obedecendo as orde
do sinhô da criação.

Segue o seu caminho ixato
até a própria furmiga
trazendo foia dos mato
dentro da terra se abriga
sem nada contrariá,
cumprindo as lei naturá
ao divino mestre atende.
Sabe até fazê iscôia
pois ela só corta a fôia
das fôia que não lhe ofende.

Se o João de Barro, o Pedreiro,
sabendo que não se atrasa
faz de dezembro a janêro
a sua bunita casa
com a porta pro poente
pois nunca faz pro nascente
é orde do Sumo bem.
Nunca aquele passarinho
faz a porta do seu ninho
do lado que a chuva vem.

Tudo segue as orde santa
sem havê ninhuma fáia
inquanto a cigarra canta
as formiguinha trabáia
bria o lindo vagalume
faz a aranha o seu tissume
e o passo beija-fulô
voa pra frente e pra trás
e o certo é que todos faz
aquilo que Deus mandou.

Será que o home, esse ingrato
dotado de intiligença
vendo os bichinho do mato
cum tamanha obidiença
não se sente incabulado,
acanhado, invergonhado,
por não sigui as lição
da istrada da sua vida
esta graça concedida
pelo autô da criação?

A Divina Providença
com o seu imenso pudê
deu ao home intiligença
foi pra ele se regê.
Não precisa o Soberano
chegá a dizê: Fulano
seu caminho é por ali
Deus lhe deu o dom divino
o dom do raciocino
pra ele se conduzi.

Ninguém vem contrariá
a mim, o Chico Braúna
não precisa Deus mandá
que a humanidade se una
pois todos tem cunsciença
tem o dom da intiligença
por dereito e gratidão
todos tem de obedecê
cada um tem o devê
de defendê seu irmão.

Se todos observasse
a lei da divina doutrina
e um ao outro ajudasse
como manda a lei divina
num fizesse papé feio
defendesse o que é aleio
cum amô e cum respeito
não precisava formado
cum ané de advogado
e nem de juiz de dereito.

Mas a farça humanidade
continua disunida
cheia de prevessidade
dos irmãos tirando a vida.
Fulano xinga bertrano
bertrano bate em sicrano
e de suja consciença
vão impregando o crime
o que tem de mais subrime
que é a sua intiligença.

Com a inveja e o goirmo
cum a suberba e a vaidade
vão se socando no abirmo
se afastando da verdade
muitos não preza o seu dom
fazendo aquilo que é bom
cumo manda o Criadô
Pru fora das lei divina
Pru segue a santa doutrina
que Jesus Cristo insinou.

Eu sempre pensei assim.
Deus cum a sua consciença
Não premite o que é ruim
é justo por incelença.
Se inxiste luta e mais luta
é fruto da má conduta
a divina Majestade
nunca quis briga na terra
o assassinato e a guerra
é obra da humanidade.

Quem será que não cunhece
quando sunda e pensa um pouco
que o nosso mundo parece
um asi, cheio de louco?
por causa dessa loucura
só lá na vida futura
as arma no Paraíso
tão sujeita a julgamento
não se sarva dez por cento
vai sê grande o prijuízo.

Este mundo está perdido
e o povo perdeu a fé
é muié cronta marido
marido cronta muié
tá tudo materiá
ninguém pode potrestá
esta certeza que digo
do campo inté a cidade
os amigo de verdade
cum certeza tão cumigo.

Eu sou Chico Braúna
não digo palavra om vão
fala o dotô na tribuna
e eu falo no meu sertão.
O que achá ruim me perdôi
mas o mundo sempre foi
duro de se cuncertá.
Dispois criaro o divorço
e cum a lei desse troço
acabou de disgraçá.

A derrota de Zé Côco

Assim que o sinhô me viu
E começou a chamá
Chamando e dando pisiu,
Conheci que é um fiscá
E qué vê meus documento,
É com prazê que apresento
Minha documentação,
Eu nunca fui contra a lei,
Até hoje não botei
O pé adiante da mão.

Veja aqui este papé
Que os iscrivão pede tanto,
Meu nome todo é José
Filiciano do Santo,
Mas como o povo inxirido
Sempre botou apelido
Da gente fazendo pôco,
No meu sertão todo povo
Preto, branco, véio e novo
Me conhece por Zé Côco.

Eu venho do meu Nordeste.
Comprei lá uma passage.
Foi sacrifiço da peste.
Pra fazê esta viagem.
Eita São Paulo distante.
Na viagem extravagante
Eu vim na carroceria
Deitado, sentado e impé,
Num caminhão chervolé
Cheio de mercadoria.

Foi o maió sacrifiço
Mas afiná tou aqui
Vendo um grande rebuliço
Como iguá eu nunca vi,
Faz uns dias que eu cheguei
E inda não me acostumei,
O São Paulo arvorossado,
Eu vejo constantimento
Um frumiguêro de gente
Andando pra todo lado.

Seo moço, eu sou nordestino,
Falo que só papagaio,
Eu no tempo de menino
Bibi água de chucaio,
Muntas vez eu considero
Que mode dizê o que eu quero
Uma língua só é pôca,
As vez eu tenho pensado
Que Deus devia tê dado
Duas língua em minha boca.

Mas com meu palavriado,
Com este meu falatoro,
Eu vou dexando de lado
As coisa que eu ignoro,
Só digo a pura verdade
E lhe peço por bondade
Quêra me escutá um pôco,
Sei que o sinhô não istranha
De uvi as grande façanha
De seu criado Zé Côco.

Pra falá me dê licença,
Lhe juro em nome da lei
Tenho limpa a consciença,
Nunca matei nem rôbei,
Tenho horrô ao pistolêro,
Matá pra granhá dinhêro
Não adianta nem omenta,
Isto não ficou pra mim,
Porém surra em cabra ruim
Dei mais de cento e cincoenta.

Mas com as minhas proeza
Sempre fui home de bem
E lhe digo com certeza
Eu nunca insurtei ninguém,
Meu negoço era inxemprá
Cabra que procura azá
E faz do diabo a pintura,
Sem carate e imbuancêro
Que apaga até candiêro
Pra sala ficá iscura.

Eu sempre fui convidado
Pras festa do meu sertão
E quando o povo animado
Pra mais mió diversão
Uma festa organizava.
Quando a nutiça vagava
Que era bom o tocadô
E munta muié havia
Os mais medroso dizia:
Só vou se Zé Côco fô.

Pruquê sabendo que eu indo
A festa corria em paz,
Tudo alegre divirtindo
Home, casado e rapaz,
Pois com a minha presença
Não havia desavença,
Ninguém temia perigo
Bá bá bá ou rapapé,
Por isto toda muié
Queria dançá comigo.

E se caso acontecesse
De chegá um inxirido,
Por ali aparecesse
Um vagabundo atrivido
Querendo que as pobre moça
Dançasse com ele à força
Com certos chove e não móia,
Logo o jucá vadiava
Que o cabra uns dia passava
Com o braço na tipóia.

No São João do João Conrado,
No mais alegre brinquedo,
Chegou um Zé Bronzeado
Com raiva e fazendo medo,
Tava revortoso e brabo,
Eu fui lá e meti-lhe o diabo
Dei-lhe um surra tão boa
Que o malandro ficou zonzo,
Naquele São João o Bronzo
Virou lama de lagoa.

De outra vez fui convidado
Pro mode acabá o abuso
De um cara desaforado
Chamado João Parafuso,
Eu fui lá e lhe disse assim:
Se retire cabra ruim,
Tenha vergonha, não teime
E ele não quis ir embora,
Mas porém na mesma hora
Cantou Maria valei-me.

Como a onça carnicêra
Pra mim o cabra partiu
E eu joguei-lhe uma rastêra
Chega a poêra cubriu,
Ali o jucá vadiou
Que o Parafuso ficou
Com o corpo incalombado
Foi se embora cachingando
Foi cachingando e chorando
Pra dexá de sê danado.

Assim seu moço eu vivia
No meu papé de machão,
Sendo o fiscá e o vigia
Das festa do meu sertão,
Com amô e com respeito
Eu defendia o dereito
E a razão daquela gente,
Mas nunca fiz imbuança
E nem andei com lambança
Dizendo que era valente.

Porém bem sabe o sinhô
Que esta vida é um caminho,
Se aqui tem uma fulô
Acolá tem um ispinho,
Sempre dizia o meu pai
Lá um dia a casa cai
Pra gente se machucá,
Escute o que eu tou dizendo,
O sinhô não tá sabendo
Onde é que eu quero chegá.

Festa boa de incumenda,
O coroné Zé Davi
Fazia em sua fazenda
Pro povo se divirti,
Era um ricaço famoso
Do coração generoso,
Nas festa que ele fazia
A custa do seu dinhêro
O praciano e o rocêro
Comia e se divirtia.

Iscute o que eu tou falando,
Veja a sorte como é,
Eu tava fiscalizando
A festa do coroné
Mode não havê chafurdo
Confusão nem absurdo,
Quando apareceu por lá
Um magote de estudante
Cada quá mais elegante
Que veio da capitá.

Entre a turma de estudante
Vinha um de preta cô
Munto simpate e importante,
Um criolo de valô
Gostava de brincadêra,
Seu cabelo de tocêra,
Corpo dergado e bonito,
Aquele inducado home
Tinha a cô e o mermo nome
Do santo São Benedito.

Divido arguém lhe contá
Que eu era mesmo o maió,
Na rastêra e no jucá
No sertão eu tava só,
Ele ficou sastifeito
E com o maió respeito
Chegou bem perto de mim
Com munta delicadeza,
Me tratando com fineza
E foi me dizendo assim:

Seu Zé Côco, meu amigo,
Um pedido eu vou fazê.
Pra você lutá comigo
Sem nenhum se aborrecê.
Munto interessado eu tou.
Não é briga de rancô
É uma vadiação,
Nós dois vamo pelejá
Você com o seu jucá
E eu só com os pé e as mão.

Eu lhe respondi: dotô,
Isto assim não pode sê.
Um bom conseio eu lhe dou,
Cace um pau pra vamicê,
Veja que é grande perigo
O sinhô lutá comigo
Com as mão desocupada,
É um medonho fracasso
Sendo assim eu lhe desgrasso
Da primêra bilotada.

E ele munto prazentêro
Disse se rindo, seu Côco
Pra fazê o meu tempêro
O seu azeite é bem pôco.
Achando que ele insistia
Queria porque queria
Esta luta extravagante,
Eu disse pra meu jucá:
Nós vamo disinterá
Esta turma de estudante.

De lá pra cá ele veio
E eu parti daqui pra lá,
Sem ninguém entrá no meio
Sem ninguém se incomodá,
Quando o jucá eu descia
Ele uns caracó fazia
Rodando que nem pião,
Eu botava pra lascá
Mas porém o meu jucá
Só acertava no chão.

Nós dois já tava suado
Naquela vadiação
E eu bastante incabulado
Jogando o jucá em vão
Quando ele gritou Zé Côco,
Sua corage é de um lôco,
Mas porém tenha cuidado
Repare como é que eu luto,
Antes de dá três minuto
Você fica desarmado.

Era um fuxico esquisito
Aquele nosso duelo
E o valente Benedito
Querendo vê meu fragelo,
Ligêro iguamente um gato
Com o bico do sapato
Deu um chute em minha mão
Que o jucá saiu vuando,
Foi vuando e rebolando
E adiante caiu no chão.

E ele gritou animado
Agora amigo Zé Côco
Você ficou desarmado
Nós vamo lutá de soco
Veja bem como é que eu faço
Me agarrou e troceu meu braço
E eu com o braço trucido
Com a dô maió do mundo
Senti naquele segundo
o meu corpo esmorecido.
Fiquei naquela prisão
Sem tê corage pra nada
E ele com a outra mão
Que tava desocupada,
Como quem faz um brinquedo,
Com as junta dos seus dedo
Pra servi de mangação,
Batia em minha cabeça
Dizendo Zé Côco esqueça
Que você é valentão.

Bem me falava o meu pai
Como eu disse a seu fiscá
Lá um dia a casa cai
Pra gente se machucá
Medonho desgosto sinto
Mas falo sero, não minto
E pra dizê não me acanho,
Foi uma pisa tão feia
Que eu berrei como a uveia
Separada do rebanho.

E ele sortando meu braço
Vendo que tava no fim,
Disse me dando um abraço
Não tenha raiva de mim,
Nesta nossa brincadêra
Moiei a sua foguêra
E apaguei a sua brasa,
Vá apanhá seu jucá
E vá pra sala dançá
Ou então vorte pra casa.

Meu jucá eu apanhei
Me jurgando um pobre troço,
Mas com raiva não fiquei
Pruquê negoço é negoço,
Vortei pra casa pensando
Pensando e quage jurando
Que aquela grande istrução,
Aquele grande ixerciço
Era reza de feitiço
Ou a pintura do cão.

Porém era ilusão minha,
Vei um sinhô me dizê
Que aquele estudante tinha
Aprendido caratê
Que eu inda não conhecia
E nem sabia se havia
Esta escola de brigá
De um ixerciço bonito
Com o quá o Benedito
Se defendeu do jucá.

Com isto que se passou
Eu fiquei incabulado.
Mas não perdi meu valô
Eu era sempre chamado
Mode dá banho de pau
Em lombo de cabra mau
Para as festa defendê,
Mas quando alguém me chamava
Eu com medo preguntava
Ele sabe caratê?

Meu avô tinha razão e a justiça tá errada

Do campo até a cidade
Atrapaiando a verdade
Sempre inxiste uma caipora,
Vou falá pro mundo intêro
Como eu era de premêro
E como eu tô sendo agora.

De alegria todo cheio
Uvindo os belo conseio
Do finado meu avô,
E sastisfeito vivia,
Neste tempo eu não mentia
Nem mode fazê favô.

Meu avô, munto correto,
Dizia: Querido neto
Escute bem o que digo,
Use da sinceridade
Pruquê quem diz a verdade
Nunca merece castigo.

Veve bem acompanhado
E também é respeitado
Quem sempre a verdade diz.
A mentira é treiçuêra
E a verdade é companhêra
Que faz a gente feliz.

Com a minha intiligença
Estas lição de sabença
Que o meu avô me ensinava,
Eu sastisfeito aprendia
E tudo quanto eu dizia
O povo me acreditava.

Mas por pintura do diabo
O coroné Mané Brabo
Começou uma questão
E tomou no pé da Serra
Trinta tarefa de terra
Do Francisco Damião.

Damião tinha dereito,
Mas porém não houve jeito
Perdeu para o fazendêro,
A gente logo descobre
Que o Damião era pobre
E o Brabo tinha dinhêro.

Um dia numa bodega
Onde o pessoá chombrega
Cada quá sua bicada,
Começaro a conversá
Em quem gosta de inricá
Por meio de trapaiada.

Eu nada tinha bebido,
Mas como tinha aprendido
As lição do meu avô,
Disse com munta razão
A terra do Damião
Seu Mané Brabo tomou.

Dois fio do coroné
Gritaro logo: o que é
Que você falou aí?
E eu que prezava a verdade
Com munta sinceridade
Minha histora repeti.

Mas bem não abri a boca,
Os dois com uma fura lôca
Me derrubaro no chão
E com a força do braço
Batia em meu espinhaço
Como quem bate fejão.

Os dois safado fizero
Comigo o que bem quisero
E ali ninguém se importou,
Era os peste me surrando
E eu chorando e me lembrando
Das lição do meu avô.

Fiquei de corpo banido,
Mas vendo que era perdido
Não dei nem parte a puliça,
Tratei de me retirá
Fui morá noutro lugá
E nunca mais dei nutiça.

Invergonhado daquilo
Procurei vivê tranquilo
Em uma terra afastada
Dizendo com os meu butão:
Meu avô tinha razão
E a justiça tá errada.

Fui morá na Lagoinha
Uma cidade onde tinha
Uma moça bem bonita
Era um anjo tão prefeito
Que se eu fô dizê dereito
Bem pôca gente acredita.

Parecia tá presente
Um anjo em forma de gente
Filisberta era o seu nome,
Quem conhece considera
Que aquela garota era
O pára-raio dos home.

Eu vendo a linda donzela
Disse bem pertinho dela
Filisberta, tu é jóia
E a moça ficou me oiando
Oiando e também inchando
Que nem a cobra gibóia.

E me gritou: — Atrevido,
Seu sem vergonha, inxirido
Drobe a língua macriado
E uns palavrão me dizendo
Saiu depressa correndo
Pra dá parte ao delegado.

Fiquei pensando e dizendo:
Nada a ela tô devendo
Não tenho medo nem corro,
Mas sabe o que aconteceu?
A puliça me prendeu
E apanhei que nem cachorro.

Por orde da Filisberta
Me fizero triste oferta
Lá num quarto da prisão
Que eu fiquei cheio de imbombo,
Era chicote no lombo
E parmatora nas mão.

Quando me dero surtura
Saí da prisão escura
Com uma raiva danada,
Dizendo com os meu butão:
Meu avô tinha razão
E a justiça tá errada.

Pensando na Filisberta
Pensei numa coisa certa
E fiz a comparação
Do prédio de um potentado,
Por fora fantasiado
E por dentro a exploração.

Só pruquê disse a verdade
Me sacudiro na grade
E apanhei de fazê dó,
Com esta sorte misquinha
Eu saí da Lagoinha
Fui batê no Siridó.

Porém sempre onde eu chegava
Se com razão eu falava
Defendendo o injustiçado.
Depressa o côro caía
Com aquilo eu já vivia
Incabulado e afobado.

Divido tanto castigo
Um dia eu disse comigo:
Eu já apanhei com sobra,
Não vou mais dizê verdade,
Deste mundo de mardade
A mentira é quem manobra.

Fiquei munto desgostoso
Desgostoso e revortoso
Com o que me aconteceu
E hoje eu sô um vagabundo
E não inxiste no mundo
Quem minta mais do que eu.

Se a mentira é apoiada
E a verdade é desprezada,
Mudei o meu pensamento,
Tudo meu é sem assunto,
Vendo um cavalo eu pregunto
De quem é esse jumento.

Dos peixe que anda no mato
Os mió é peba e gato;
As lição do meu avô
Não tô mais obedecendo
Por onde eu ando é dizendo
Que a infração se acabou.

Derne o campo até a praça
Gasolina tá de graça
E já conheci também
Que o pessoá operaro
Tá tudo milionaro
Gozando e comendo bem.

Nunca houve um assartante
Na terra dos bandêrante
Nem no Rio de Janêro
E também já conheci
Que nosso grande Brasi
Nada deve ao estrangêro.

Respeitando um grande amigo
Só uma verdade eu digo,
Esta verdade sagrada
Que tá no meu coração,
Meu avô tinha razão
E a justiça tá errada.

DOIS ANJO

Compade Mané Lorenço,
Às vez eu fico a pensá
Que pra pensá como eu penso
Não é preciso istudá,
Minha mãe preta não lia,
Mas porém ela dizia
Que as coisa mais boa e pura
Nasce da simpricidade;
Amô, justiça e verdade
Não tem nada com leitura.

O mundo de tudo tem,
Disto eu já sou sabedô,
Tem muntos home de bem
Que nenhuma vez pegou
Numa carta de ABC,
Mas mesmo sem sabê lê
Vale mais que ôro em pó
E tem sujeito formado
Com ané de advogado
Que não vale um cibazó.

É coisa bastante certa
Que pra cada criatura
Tem duas estrada aberta
Uma quilara, outra escura,
Minha mãe preta dizia
Com munta filosofia
Que todos fio de Adão,
Pode sê de quarqué raça
Carrega por onde passa
Dois anjo no coração.

Dois anjo que a gente leva
Um é repreto de luz
E o outro é da cô da treva
E só o que é ruim podruz,
O anjo bom aconseia
Pra não fazê coisa feia,
Não menti nem censurá
E o anjo mau dá conseio
Pra fazê tudo que é feio,
Disonrá, matá e robá.

Com a sua graça boa
Nosso Pai Celestiá
Deu força a cada pessoa
Para os anjo guverná,
O sujeito arruacêro
Trapacêro e disordêro
Cheio de intriga e moitim,
Sem acompanhá Jesus
Abandona o Anjo de Luz
Pra andá com o anjo ruim.

Quando o sujeito só pende
Pro lado da estrada escura
Istuda na escola e aprende
A linguage da leitura.
Mas quanto mais estudá
Mais aprende a trapaçá,
Sobe nos mais alto grau
Dos bancos das facurdade
Mas nunca dexa a ruindade
Que aprende com o anjo mau.

Para a pessoa gozá
Harmonia, paz e amô
Deve no peito zelá
O seu anjo potretô,
Este isprito luminoso
Tão bom e tão milagroso
Dado pela providença
Quá fulô que o chêro ixala
E dentro da gente fala
Pela voz da conciença.

Quem deseja sê feliz
Sempre na mimora tem
Este ditado que diz:
Quem pranta o bem cói o bem.
A pessoa que só pensa
Em questão e desavença
Arengando aqui e ali,
Por si prope se atropela,
A semente de favela
Nunca botou bugari.

Onde a inveja faz morada
Tudo que é ruim acontece
O anjo bom entristece.
Quem qué sê ruim nunca muda
Nos mais mió livro istuda
Sempre com boa linguage
Subindo de grau em grau
Alimentando o anjo mau
Com tudo que é safadage.

É mió dá com um pau
Neste isprito sem respeito
Este prevesso anjo mau
Que cada um tem no peito
É bom acabá com isto,
Vamo querê Jesus Cristo
Que por nós morreu na cruz,
Vamo sê fié e exato,
O anjo bom é o retrato
Da doutrina de Jesus.

UM SONHO DESFEITO

Causou tristeza e lamento
Em nosso grande Brasil
O desaparecimento
De um presidente civil,
O mesmo se achando eleito
Teve o seu sonho desfeito.
Triste coisa aconteceu,
Em um momento precário
Dizia o noticiário:
Tancredo Neves morreu.

Aquela notícia triste
Foi grande desolação
Que continua e persiste
Em nossa grande nação,
Dando rigorosa prova
Logo espalharam a nova
TV, revista e jornal
Anunciando a surpresa
E ao mesmo tempo a tristeza
No rosto de cada qual.

Brasil, Brasil, o teu filho
Na Eterna Mansão está,
Porém no bronze o seu brilho
O tempo não gastará,
Com os louros da vitória
Ele partiu para a glória
Ingressar na Santa Grei
Da Divina Majestade,
Sentindo a dor da saudade
Suspira São João Del Rei.

Tal qual o forte guerreiro
Que pela pátria lutou,
O nosso herói brasileiro
Vitorioso tombou
Com as honras de civismo
De amor e patriotismo
Seu merecido troféu
Duas vitórias encerra
A primeira, aqui na terra
E a Segunda lá no céu.

O povo todo em delírio
Por sua saúde orou
E ele com o seu martírio
Sobre o leito apresentou
De Jesus a semelhança,
Jesus ferido por lança
E ele pelos bisturis,
No sofrimento profundo,
Um para salvar o mundo
E outro salvar o país.

O valor da medicina
Grande vantagem nos traz.
Mas sem a ordem divina
O doutor não é capaz.
Cirurgiões, cientistas,
Médicos especialistas
Do nosso e de outro país,
Esperançosos lutavam,
Mas o que eles (ilegível)
A natureza não quis.

Com as dores cruciantes
Da moléstia que o atacou.
Pra terra dos bandeirantes
Um avião o levou,
Depois de corte e mais corte
A junta médica sem sorte
Todo trabalho perdeu,
Foi bem triste o resultado
Por doutores rodeado
Tancredo Neves morreu.

A sua promessa franca
José Sarney assumiu
E ele com a faixa branca
Do mundo se despediu,
Bem perto de governar
E com amor trabalhar
Em favor do bem comum,
Deixou na pátria adorada
Uma saudade gravada
No peito de cada um.

Assaré de 1957

Assaré meu! Assaré meu!
Terra do meu coração!
Sempre digo que tu é
A terra mió do chão.
Me orguio quando me lembro
Que tu também é um membro
Do valente Ceará.
Pra mim, que te adoro tanto,
Te jurgo o mió recanto
Da terra de Juvená.

Foi aqui, foi nessa Serra
De Santana, onde nasci,
Que da água da tua terra
A premera vez bebi.
Nesta Serra, eu pequenino,
No meu vivê de menino,
Tão inocente, tão puro,
Dei as premera passada,
Triando as tua estrada
No rumo do meu futuro.

Eu sou um dos teu caboco
Que toda vida te quis.
E eu não invejo nem pôco
O resto do meu país.
Eu aqui tou sussegado,
No teu seio incalocado,
De tudo eu gozo contente:
Do crima, saúde franca,
Da noite, uma lua branca,
Do dia, um só resprendente.

Tanto te quero e dou parma,
Que às vez à lembrança vem
Que tu tem corpo e tem arma
Como toda gente tem.
Quando saio da paioça
Mode trabaiá na roça,
Prantando mio e fejão,
Eu inté penso que peco
Em batê meu enxadeco
Em riba deste teu chão.

Não quero que chegue a hora
Deu de tu me separá,
Pra saí de mundo afora
Cumo cigano, sem lá.
Se aqui foi meu nascimento
Te juro, digo e sustento
Que é de vivê sempre aqui
Do sertão inté na serra,
No punhadinho de terra
Do nosso grande Brasi.

Quero a minha vida intêra
Aqui te vendo e te amando,
E não é de brincadêra
O que eu te juro cantando,
Quando na viola toco:
Que não te dou nem te troco
Por terra de seu ninguém.
Quero é que Deus me dê vida
Uma vida bem cumprida
Pra gozá o que tu tem.

O vento assopra manêro
Durante os teus mês de estio,
Trazendo um certo tempêro
Que não faz calô nem frio.
E no tempo da invernada
Canta alegre a passarada
Cada quá sua canção,
E a garça de branca pena
Encruza as água serena
Do rio dos Bastião.

Tuas nuve arriunida
Traz, quando as águas derrama,
Sossego, alegria e vida
Nos coração de quem ama.
Como é belo a gente oiá
As águas cô de cristá,
Quando corre no riacho!
Parece dentro da mata
Uma cabrona de prata
Descendo de serra abaixo.

Tudo escuta e tudo vê
Quem por as brenha passeia.
Canta a linda zabelê.
Zoa o enxame de abêia.
E o cipó-laça-vaquêro
Se atrepa e faz um barsêro
Por riba do cramunzé,
Cumo cobra que se enrosca,
E o vento fazendo cosca
Na copa do catolé.

Da baxa inté na chapada
Tudo é paz, tudo é beleza.
Gozando a musga animada
Da festa da natureza.
Vai fazendo pirueta
Um cordão de brabulêta
Arrodeando as lagoa.
Tudo forga de contente,
Por toda parte se sente
Um chêro de coisa boa.

O sabiá e o sofreu,
O canaro e outros tanto,
Com as voz que Deus lhe deu,
Cada um sorta o seu canto.
E o beija-fulô penera
Nas fulô da primavera,
Chêrando o doce prefume,
E afiná tem fromosura
Inté sua noite escura
Pintada de vagalume.

Toda essas coisa que eu digo,
E outras que eu não sei dizê,
Tu tem, Assaré amigo:
Quem nunca viu venha vê.
Se é cantando estas beleza
Que a minha arma aqui tá presa,
E o coração preso aqui,
Sou o mais feliz dos cabôco,
E não invejo nem pôco
O resto do meu Brasi.

Mas, meu Assaré amado,
Sinto munto a tua sorte!
Tu és dos mais deserdado
Daqui das banda do Norte.
Tu nada goza da historia,
Não tem fama, nem gulora,
Nunca arguém te protegeu.
Tu só tem essas riqueza,
As coisa da Natureza,
Que Nosso Senhô te deu.

Eu também, meu Assaré,
Sou pobre, quage de esmola;
Sou assim como tu é,
Só pissuo esta viola.
Nasci e me criei nos mato,
Sem paletó, sem sapato,
E sem recebê lição.
Pobre, sem nada, na rapa,
Não conheço nem as capa
Dos livro de estudação.

Não posso te protegê,
Nada tenho pra te dá.
Mas porém quando eu morrê
Com razão vou te dêxá
Uma pequena lembrança.
Uma pequenina herança,
Em prova do meu amô:
O nome de um passarinho,
Uma viola de pinho
E os versos de um cantadô.

Não te dêxo abandonado.
Durante enquanto eu vivê,
Eu é de tá do teu lado
Te ajudando a padecê.
Nunca, nunca te desprezo,
E todas vez quando rezo
Te encomendo horas intêra
À santa que mais se adora
A Virge Nossa Senhora,
Tua santa padroêra.

Quando em tua igreja vou
Fazê minhas oração,
Com amô e com frevô
Mode te dá proteção
A Nossa Senhora peço.
Pruquê a luz do progresso
Tu não tem na tua vida,
É grande o teu sofrimento,
Tu não pissui carçamento,
Nem colejo, nem vinida.

Tu também não tem cinema,
Também não tem hospitá,
Veve preso nas argema
Sem ninguém te libertá.
É grande a dô que padece,
Quem te visita conhece
A tua situação.
Veve sofrendo um desprezo
Com o criminoso preso
Piado de pá pra mão.

Tu é o mermo Assaré
Do véio tempo passado,
Sem esperança, sem fé,
De rôpa xuja e barbado,
Teu sembrante nunca muda,
Só pruquê ninguém te ajuda.
Que seja inverno ou estio,
Sempre é triste, dando ai!
Tu é como um véio pai
Abandonado do fio.

Conheço cidade rica
Que quem repara tá vendo
Que quanto mais véia fica,
Mais nova tá parecendo.
Mas tu, Assaré querido,
Véio, cacundo, incuído,
Com o óio fito pro chão,
Não tem conforto nem nome!
Só é lembrado dos home
Quando é tempo de inleição.

Mas tu, meu torrão que chora,
Vai suportando o desgosto
Inté que uma nova orora
Venha briá no teu rosto.
Pode sê minha cidade,
Que um dia a felicidade
Te alevante do paul,
E a Divina Providença,
Com o seu pudê e cremença
Mande um oxilo pra tu.

Não fique no desengano,
Neste desgosto profundo
Que a desfilada dos ano
Traz tudo no véio mundo.
Vai aguentando este escuro,
Que um dia no teu futuro
Pode sê que chegue a vez
De teus fio ajueiado
Se arrependa dos pecado,
Do grande má que te fez.

E agora, Assaré amigo,
Peço descurpa e perdão
Destas coisas que te digo
Com pesar no coração.
Se acha que tou te ofendendo
Dispense o que tou dizendo,
Me perdoi por caridade,
De falá pubricamente,
Descubrindo a toda gente
A tua necessidade.

Satisfazendo um desejo
Que sempre me acompanhava,
Como cantô sertanejo
Eu fui vê se te cantava,
Meu torrão querido e nobre.
Mas te vendo assim tão pobre,
Tão pobre, tão sem recuço,
Quebrou-se a minha viola,
E os verso em minha cachola
Se acabou tudo em saluço.

Pergunta de Moradò

Autor: Geraldo Gonçalves de Alencar

Meu patrão, não tenho nada,
O sinhô de tudo tem,
Porém a razão de cada
É coisa que me convém.
Meu patrão tem boa vida,
Tem gado, loja surtida,
Farinha, mio e fejão,
Já eu não pissuio nada
Vivo de mão calejada
Na roça de meu patrão.

Meu patrão, seja sincero,
Seja franco, honesto, exato,
Preguntando assim não quero
Metê a mão em seu prato;
O que desejo sabê
Pode o sinhô me dizê
Sem medo e sem afrição,
Pode se firme e sincero
Lhe juro como não quero
Usá de tapiação.

Fale sero sem tapiá
Certo cumo a exatidão,
Qué que meu patrão fazia
Se eu passasse a sê patrão
E meu patrão de repente
Tomasse a minha patente
De cativo moradô,
Morando numa paioça
Trabaiando em minha roça
Sendo meu trabaiadô?

E enquanto no meu roçado
Tratasse do meu legume
Me visse todo equipado
Todo pronto de prefume
Entrá pra dentro dum carro
Fumando belo cigarro
Sem oiá seu sacrifiço
E o sinhô se acabrunhando
Trabaiando, trabaiando,
Acabando meu serviço?

Qué que meu patrão fazia
Se fosse meu moradô
Trabaiando todo dia
Bem por fora do valô?
Me vendo num palacete
Sabureando banquete
Daqueles que o sinhô come
E o sinhô no meu roçado
Trabaiando no alugado
Doente e passando fome?

Qué que meu patão fazia
Nessas condição assim
Trabaiando todo dia
Num sacrifiço sem fim.
Sem obtê resurtado
Daquele grande roçado
Onde muito trabaiô,
O sinhô não se desgoste
Se fô possive arresposte,
O que fazia o sinhô?

Resposta de Patrão

O que você perguntou,
Pobre infeliz agregado,
Com a resposta que eu dou
Ficará mais humilhado.
Se você fosse o patrão
E eu na sua sujeição,
Seria um estado horrendo
O meu grande padecer
E teria que fazer
O que você está fazendo.

Porém, eu tenho cuidado,
Meus planos sempre são certos
E o povo tem um ditado
Que o mundo é dos espertos;
Eu fui um menino pobre
Mas sempre arranjava cobre
No meu papel de estradeiro.
Esta tal honestidade
É contra a felicidade
De quem quer juntar dinheiro.

No papel de mexerico
Tirei primeiro lugar.
Fui o leva-e-traz do rico
Que vive a politicar.
Quando fiado eu comprava,
Depois a conta eu negava
E nunca me saí mal,
E pra fazer mão de gato
Em favor de candidato,
Já fui cabo eleitoral.

Roubar no peso e medida
Sem o freguês perceber,
Foi coisa que em minha vida
Nunca deixei de fazer;
Com a minha inteligência
Repleta de experiência
Eu sempre me saí bem,
Assim eu fui pelejando,
Me virando, me virando
E hoje sou rico também.

Tenho fazenda de gado,
Tenho grande agricultura
E é à custa do agregado
Que eu faço grande fartura,
Toda vida eu me preparo
Para sempre vender caro
E sempre comprar barato
E o voto dos eleitores,
Que são os meus moradores
Eu vendo ao meu candidato.

Hoje, sou homem do meio,
Tenho o nome no jornal,
Tenho carro de passeio
E freqüento a capital;
Se um homem ao outro explora,
Sei que ninguém ignora,
É fraqueza da matéria
E você, pobre agregado,
Tem que me escutar calado
E se acabar na miséria.

Me pergunta o que eu faria
Se eu fosse seu morador
Trabalhando todo dia
Bem por fora do valor!
E pergunta com o gesto
De quem é correto e honesto,
Porém, você está sabendo
Que em minha terra morando,
Passa a vida me pagando
E vai morrer me devendo.

Com a minha habilidade
Eu me defendo e me vingo,
Expondo minha verdade
Acabo seu choramingo,
Quando você perguntava
Achou que me encabulava
Com o seu grande clamor,
Mas tomou errado o bonde,
É assim que patrão responde
Pergunta de morador.

PÉ QUEBRADO

(Paródia de Fulô de Puxinanã de Zé da Luz)

Neste país invejado.
De tanto já ter sofrido
O nosso índio é conhecido
Pelo sinal.

Foi Pedro Álvares Cabral
O causador desta guerra
Quando descobriu a terra
Da Santa Cruz.

Como cruéis canguçus
Contra os índios se bateram
Sofrer o que ele sofreram
Livre-nos Deus!

Para que o índio e os seus
Tenham terra e domicílio,
Pedimos o vosso auxílio
Nosso Senhor.

Os índios com o seu valos
Eram donos deste chão
Merecem a gratidão
Dos nossos.

Se não respeitam seus troços
E as reservas onde estão
Estão provando que são
Inimigos.

Por causa destes castigos,
O medonho padecer
Recorremos ao poder
Em nome do padre.

Daí Senhora Santa Madre,
Ao indígena mantimento,
Está faltando alimento
Do filho.

Para que cesse o empecilho,
Perseguição e trapaça
Pedimos a santa graça
Do Espírito Santo.

Os que maltrataram tanto
Os nossos índios queridos
Mais tarde serão punidos
Amém.

A TERRA É NOSSA

Deus fez a grande natura
Com tudo quanto ela tem,
Mas não passou escritura
Da terra para ninguém.

Se a terra foi Deus quem fez
Se é obra da Criação
Deve cada camponês
Ter uma faixa de chão.

Esta terra é desmedida
E com certeza é comum,
Precisa ser dividida
Um tanto pra cada um.

A Argentina e a Inglaterra
Formaram duros engodos
Por uma faixa de terra
Que Deus deixou para todos.

Faz pena ver sobre a terra
O sangue humano correr
O grande provoca guerra
Para o pequeno morrer.

Vive o mundo sempre em guerra
Ambicioso e sanhudo,
Tudo brigando por terra
E a terra comendo tudo.

Egoísmo

Sem ver as grande cegueiras
Da sua própria pessoa
Vive o homem sempre às carreiras
Atrás de uma coisa boa,
Quando a coisa boa alcança,
Ele ainda não descansa,
Sente um desejo maior,
Esquece aquela ventura,
E corre logo à procura
De outra coisa bem melhor.

Se a segunda ele alcançar,
Aumenta mais a cegueira,
Fica sem se conformar
Correndo atrás da terceira,
Vem a quarta, a quinta, a sexta
E ele sendo o mesmo besta
Correndo atrás de ventura,
Assim esta vida passa
Assim o desgraçado fracassa
No fundo da sepultura.

SAUDADE

Saudade dentro do peito
É qual fogo de monturo,
Por fora tudo perfeito,
Por dentro fazendo furo.

Há dor que mata a pessoa
Sem dó e sem piedade.
Porém não há dor que doa
Como a dor de uma saudade.

Saudade é um aperreio
Pra quem na vida gozou,
É um grande saco cheio
Daquilo que já passou.

Saudade é canto magoado
No coração de quem sente
É como a voz do passado
Ecoando no presente.

A saudade é jardineira
Que planta em peito qualquer,
Quando ela planta cegueira
No coração da mulher,
Fica tal qual a frieira
Quanto mais coça mais quer.

A GARÇA E O URUBU

Certa garça presunçosa
Pousando à margem de um rio,
Tecia muito vaidosa
A si um grande elogio.

E com um riso escarninho
Criticava com desdém
De um urubu coitadinho
Que se achava ali também.

Dizia a garça: Urubu,
Preto, nojento e sombrio,
O que andas fazendo tu
Na margem deste meu rio?

Ante o raio zombeteiro
Sentiu no peito uma dor
E voando bem ligeiro
Foi se queixar ao condor.

Com esforços incansáveis
Foi depressa ao infinito
E contou ao rei das aves
O que a garça tinha dito.

O condor co a voz pausada
Respondeu por sua vez:
Urubu meu camarada
Cada qual como Deus fez.

Eu lhe afirmo e falo franco
Para deus o sumo bem
O valor que tem o branco
Tem o crioulo também.

Com o que a garça falou
Não queira triste ficar
Pois só Deus que nos criou
É quem nos pode julgar.

Três beijos

Jesus o Verbo Encarnado
Com o seu amor profundo
Quando andou por este mundo
Por três vezes foi beijado,
Primeiro por Madalena
A pecadora morena,
Quando no seu coração
Entrou um raio de luz
E ela procurou Jesus
Para lhe pedir perdão.

Depois o segundo beijo,
O beijo da falsidade,
Quando aproveitando o ensejo
Judas cheio de maldade
Cometeu naquele dia
A maior hipocrisia
Que pode haver contra Deus,
De Cristo se aproximou
E em sua face beijou
Lhe entregando aos fariseus.

Depois quando perseguido
Nosso Cristo Redentor
Já cruelmente ferido
Lhe trataram com rigor
Pregando sobre o madeiro.
Lhe veio o beijo terceiro
Quando a sua mãe querida
Com um olhar puro e terno
Lhe aplicou o beijo materno
O beijo da despedida.

Rosa e rosinha

Uma rosinha mostrando
Sua beleza e perfume,
Me olhava triste chorando
Com inveja e com ciúme.

Eu disse à pobre coitada
Não tenha raiva de mim,
Eu não sou disto culpada
Foi Deus quem me fez assim.

Você é rosa e eu sou Rosa,
Por Rosa fui batizada
E se eu nasci mais formosa,
Eu não sou disso culpada.

Se alegre com o que é seu,
Ter inveja não convém,
Você não é como eu
Mas é formosa também.

A rosinha no seu galho
Me ouviu e se conformou,
As suas lágrimas de orvalho
A luz do sol enxugou.

MEU PASSARINHO

Ao meu neto Expedito

Eu andando no mato achei um ninho
Bem fofinho e macio, que beleza!
Quando olhei para dentro, que surpresa!
Tinha um lindo e mimoso passarinho.

Era lindo e mimoso de encantar,
Não podia voar porque as penas
Inda estavam pequenas, bem pequenas,
Não podiam seu corpo transportar.

Eu correndo ia lá toda manhã
Para ver o bichinho encantador
O retrato fiel do puro amor
No seu ninho feliz feito de lã.

Mas um dia fui lá com todo orvalho,
Era cedo e fazia muito frio,
Vi o ninho sem nada, bem vazio
E o maroto juntinho sobre um galho.

Do seu ninho o maroto esta fora
E quando um jeito de pega-lo fiz,
Saiu ele a voar como quem diz:
Meu adeus, Expedito, eu vou me embora.

ÓIOS REDONDO

Nesta vida aperriada
Pra me livrá das furada
Destes teus óios redondo,
Caboca onde é que eu me soco
Caboca onde eu me coloco?
Caboca onde é que eu me escondo?

Pra me esquece dos teus óio
Eu canto, eu grito, eu abóio,
Faço tudo que é preciso,
Mas por onde eu vou passando
Sinto teus óio briando
Por dentro do meu juízo.

Meu padecê, minha cruz,
É tuas bolas de luz
Que me dêxa incandiado,
Estas duas jóias prima
Com a força de dois ímã
Me puxando pra teu lado.

Vendo os teus óio prefeito
Sinto entrando no meu peito
Dois ferrão de marimbondo
Caboca, não seja ingrata,
Tu me martrata e me mata
Com estes óio redondo.

Me tire desta sentença,
Tu só parece que pensa
Que eu não tenho coração.
Tu me amofina e me aleja
De ruêdera, de inveja,
De ciúme e de paixão.

Sabe quá é a meizinha
Pra essa doença minha?
Pregunta que eu te respondo,
Era se tu me quisesse
E de coração me desse
Estes teus óio redondo.

CRIME IMPERDOÁVEL

Com sua filha de bondade infinda,
Maria Rita, encantadora e bela,
Morava a viúva dona Carolinda,
Junto ao engenho do senhor Favela.

Paciente e boa e cheia de carinho,
Passava os dias sem pensar na dor,
Reinava ali, naquele tosco ninho,
Um grande exemplo do mais puro amor.

A linda jovem, flor de simpatia,
De olhos brilhantes e cabelo louro,
Além de arrimo e doce companhia
Era da mãe o virginal tesouro.

Tinha uma voz harmoniosa e grata
Maria Rita, a filha da viúva,
Igual à voz do sabiá da mata,
Quando ele canta na primavera chuva.

Maurício, um filho do senhor do engenho,
Um estudante, bacharel futuro,
Apaixonou-se, com o maior empenho
De saciar o coração impuro.

E com promessas de um porvir brilhante,
Fazendo juras de casar com ela,
Tanto insistiu o traidor pedante
Que conquistou a infeliz donzela.

Tornou-se em pranto da menina o riso,
Anuviou-se o doce amor materno,
Aquele rancho que era um paraíso,
Foi transformado em verdadeiro inferno.

Depois, expulsas pelo mundo afora,
Sorvendo a taça de amargoso fel,
Soluça mãe e a triste filha chora,
Horrorizadas do chacal cruel.

Vive hoje o monstro a prosseguir no estudo,
Enquanto o manto da miséria as cobre,
Porque só o rico tem direito a tudo,
Não há justiça para quem é pobre.

CURIOSO E MIUDINHO

C. Quem é você, que alegre se apresenta
Com a altura de dois metros e oitenta?

M. Onde eu ando me chamam Miudinho,
Tudo vejo e decifro em meu caminho.

C. Miudinho, e com tanta dimensão,
No volume do corpo e na noção?

M. Se o mundo sempre foi contradição,
O que assim me tratar possui razão.

C. Miudinho, com o seu saber profundo,
Conhece alguma coisa do outro mundo?

M. Não há mesmo quem possa saber nada
Do que vive por trás de uma murada.

C. Miudinho me diga o que é política?

M. É um dilema de onde nasce a crítica.

C. E este argumento para onde se lança?

M. Para os dois pratos de uma só balança.

C. E na campanha quem vitória alcança?

M. Quem mais mentira sobre o prato lança.

C. Miudinho, obrigado por ser franco,
Nas eleições eu vou votar em branco.

LINGUAGE DOS ÓIO

Quem repara o corpo humano
E com coidado nalisa,
Vê que o Autô Soberano
Lhe deu tudo o que precisa,
Os orgo que a gente tem
Tudo serve munto bem,
Mas ninguém pode negá
Que o Autô da Criação
Fez com maió prefeição
Os orgo visioná.

Os óio além de chorá,
É quem vê a nossa estrada
Mode o corpo se livrá
De queda e de barruada
E além de chorá e de vê
Prumode nos defendê,
Tem mais um grande mister
De admirave vantage,
Na sua muda linguage
Diz quando qué ou não qué.

Os óio consigo tem
Incomparave segredo,
Tem o oiá querendo bem
E o oiá sentindo medo,
A pessoa apaxonada
Não precisa dizê nada,
Não precisa utilizá
A língua que tem na bôca,
O oiá de uma caboca
Diz quando qué namorá.

Munta comunicação
Os óio veve fazendo,
Por inxempro, oiá pidão
Dá siná que tá querendo
Tudo apresenta na vista,
Comparo com o truquista
Trabaiando bem ativo
Dexando o povo enganado,
Os óio pissui dois lado,
Positivo e negativo.

Mesmo sem nada falá,
Mesmo assim calado e mudo,
Os orgo visioná
Sabe dá siná de tudo,
Quando fica namorado
Pela moça desprezado
Não precisa conversá,
Logo ele tá entendendo
Os óio dela dizendo,
Viva lá que eu vivo cá.

Os óio conversa munto
Nele um grande livro inxiste
Todo repreto de assunto.
Por inxempro o oiá trste
Com certeza tá contando
Que seu dono tá passando
Um sofrimento sem fim,
E o oiá desconfiado
Diz que o seu dono é curpado
Fez arguma coisa ruim.

Os óio duma pessoa
Pode bem sê comparado
Com as água da lagoa
Quando o vento tá parado,
Mas porém no mesmo istante
Pode ficá revortante
Querendo desafiá,
Infuricido e valente;
Nestes dois malandro a gente
Nunca pode confiá.

Oiá puro, manso e terno,
Potretô e cheio de brio
É o doce oiá materno
Pedindo para o seu fio
Saúde e felicidade,
Este oiá de piedade
De perdão e de ternura
Diz que preza, que ama e estima
É os óio que se aproxima
Dos óio da Virge Pura.

Nem mesmo os grande oculista,
Os dotô que munto estuda,
Os mais maió cientista,
Conhece a linguage muda
Dos orgo visioná
E os mais ruim de decifrá
De todos que eu tô falando,
É quando o oiá é zanôio,
Ninguém sabe cada ôio
Pra onde tá reparando.

TRÊS MOÇA

(Paródia de Fulô de Puxinanã de Zé da Luz)

Três moça, três atração,
Três anjo andando na terra,
Eu vi lá no pé da serra
Numa noite de São João.

A premera era a Benvinda
E eu juro pro Jesus Cristo
Como eu nunca tinha visto
Uma coisinha tão linda.

Benvinda, o premero anjo
Tinha a voz harmoniosa
Como as corda sonorosa
Do bandulim dos arcanjo.

A segunda, a Filisberta,
Era um mundo de beleza,
Não sei como a Natureza
Acertou pra fazê ela.

Os óio era dois primô
Com tanta quilaridade
Como quem sente a sodade
De um bem que nunca vortou.
A tercera, a Conceição,
Era a mais nova das três
Parecia santa Inês
Quando sai na procissão.

Nunca houve sobre a terra
E não pôde havê ainda
Quem diga qual a mais linda
Das moça do pé da Serra.

Se arguém mandasse eu jurgá
E a mais bonita iscuiê
Eu ficava sem sabê,
Pois todas três era iguá.

Quando oiei pras três menina
Oiei tornei a óiá,
Eu fiquei a maginá
Nas coisa santa e divina.

E o que ninguém desejou
Desejei naquela hora
Sê o grande Rei da Gulora
O Divino Criadô.

Mode agarrá as três donzelas,
Invorvê num santo véu
E levá viva pro céu
Pra ninguém mexê com elas.

Injustiça

O nosso selvático vivia contente
Quando estranha gente
Na taba chegou
E o índio liberto foi subordinado,
Foi escravizado,
Sem terra ficou.

Se é grande injustiça tomar o que é alheio,
Se é um ato feio,
Se é crime de horror,
Na culpa medonha os brancos caíram
Porque transgrediram
A lei do Senhor.

Faz pena sabermos que muitas aldeias
Outrora bem cheias
Já tiveram fim,
É triste sabermos que os índios coitados
Sem serem culpados
Sofreram tanto assim.

Em nome daqueles que vivem sem terra
E não querem guerra
Procuram a paz,
A igreja reclama amor e piedade
E a fraternidade
Que o gozo traz.
Queremos a paz que tanto ensinava
Qua tanto pregava
Jesus nosso Rei,
Direitos humanos, o grau de igualdade,
E a voz da verdade
Em nome da lei.

Os índios precisam de um ponto seguro
Um belo futuro
Para os filhos seus
Eles não merecem tamanhos castigos
São nossos amigos,
São filhos de Deus.

Assaré e Mossoró

Curiosidade e vontade
De ver mossoró eu tinha
Hoje vi e sei que a cidade
É diferente da minha,
Porém, isto é natural
Este mundo desigual
Tem o rico e o pobre Jó
No meu estilo singelo
Faço aqui um paralelo
Entre Assaré e Mossoró.

Eu vejo que é Mossoró
Diferente do Assaré
Um com a tônica no o,
O outro a tônica no e
Assaré modesto e pobre,
Mossoró pomposo e nobre
Onde a cultura se expande,
Um longe do outro está
Assaré, no Ceará,
Mossoró, no Rio Grande.

Assaré não é lembrado
Por entre as folhas da história,
Mossoró, no seu Estado
É grande padrão de glória.
Não me convém que eu afaste
A prova deste contraste,
Com evolução completa
Mossoró desenvolvido
E Assaré só conhecido
Através do seu poeta.

Nos meus versos justifico,
Cada qual tem clima ameno,
Mas Mossoró grande e rico
E Assaré pobre pequeno,
Para que ele se destaque
Vou rogar ao Deus de Isaque,
De Abrahão e de Jacó,
Talvez assim ele um dia
Tenha a mesma fantasia
Que agora tem Mossoró.

Nesta singela linguagem,
Neste estilo popular
Ofereço esta mensagem
Ao bom povo Potiguar
Onde fui bem recebido
E ao meu Assaré querido
Minha terra e meu xodó,
Voltarei bem satisfeito
Levando dentro do peito
Saudade de Mossoró.

Ele e ela

Ela dizia, fora da razão,
Qual fera brava, toda enfurecida:
— Eu me casei porque fui iludida,
Por isso fiz a minha perdição.

Maldita a hora em que te dei a mão.
Sem dar valor à minha própria vida,
Deixei meu pai e minha mãe querida
Para abraçar este infiel tição.

Negro nojento, sem asseio, imundo
Não terei mais satisfação no mundo,
Em conseqüência deste compromisso

Com quem vivia de baralho e pinga.
Foi bruxaria, catimbó, mandinga!
Você, marmanjo, me botou feitiço!

E ele, bem calmo, com um gesto amigo,
Depois de um trago de aguardente fria:
Eu já escutei o seu bê-a-bá, Maria
Escute agora o que também lhe digo.

Não sou a causa deste seu castigo.
Se, com certeza, muito lhe queria,
Atrás de mim você também vivia;
Seu belo sonho era casar comigo.
A sua história não está bem certa.
Nossa amizade sempre foi liberta,
Um só afeto nunca me negou.

Como ao contrário do que você fala,
Ainda guardo lá na minha mala
Todas as cartas que você mandou.

LÍNGUA FERINA

Se alguém te chama de cabrita feia,
Tudo isto é inveja, é ambição e ciúme,
Gente ferina de malícia cheia,
Negra navalha de afiado gume.

Não te amofines quando alguém te tacha
De sassarica e de coruja choca,
Pois testemunha do que diz não acha
Quem te insulte, te fere e te provoca.

Tu és tão simples como flor silvestre
E pouco importa a tua forma rude,
Para o nosso Jesus Divino Mestre
A riqueza maior é a virtude.

Sempre é cheia de espinho a vida nossa
E o mal precisa de um perdão clemente,
Neste mundo cruel não há quem possa
Com língua mordaz de certa gente.

Barriga branca

Quando vive o marido atravancado
De cabresto, cambão, canga e tamanca,
Aos caprichos da esposa escravizado,
Recebe o nome de barriga branca.

Nunca pode fazer o que ele quer
O pobre diabo, o tal barriga branca,
Sempre cumprindo as ordens da mulher,
Ele é o dono da casa e ela da tranca.

Ele escuta calado e sempre mudo
Sua esposa da língua de tarisca,
Ela é quem manda e quem comanda tudo,
Ele só corta por onde ela risca.

Em qualquer festa do melhor brinquedo
Se ela nota que o pobre está contente,
Logo lhe ordena com um gesto azedo:
Vamos voltar, está doendo um dente.

Na sua ordem rigorosa e dura
Ninguém pode tirar suas razões,
Aos amigos do esposo ela censura
E procura cortar as relações.

Tu és, barriga branca, um desgraçado,
Por onde passas todos te dão vaia
Teu destino é viver subordinado
Sob o jugo humilhante duma saia.

Tu és um carro que não sai da pista,
Rodas constante velozmente e bom,
Tua esposa é o único motorista
Pé no teu freio e mão no teu guidom.

É lamentável teu viver profundo
Nunca serás autoridade franca,
Tens um inferno neste nosso mundo,
É muito triste ser barriga branca!

O NADADOR

Ao meu sobrinho e colega
Geraldo Gonçalves Alencar

Desde novo, gostou de ver as águas
Do oceano, tão verdes e tão belas
E ele pensava que vagando nelas
Poderia aplacar as suas mágoas.

Conduzido por este pensamento,
Aprendeu a nadar em tempo breve,
Como se fosse canoa leve
Singrando as ondas no soprar do vento.

Seus amigos, lhe vendo sobre o mar,
Tranqüilamente, sem temer as brumas,
Transpondo as vagas, sacudindo espumas,
Sentiram ânsia de também nadar.

Sem temerem das ondas o furor,
Cada qual, a sorrir, dizia: Eu entro!
E se jogaram de oceano adentro
Com a mesma intenção do Nadador.

E assim tangidos por vontade louca,
Alguns lhes até fazendo apostas.
Uns nadavam de frente, outros de costas
Vendo as águas lhe entrando pela boca.
O mar, raivoso, nunca fez carinho.
Os teimosos e ousados aprendizes,
Foram todos, coitados! Infelizes
Deixando o bravo Nadador sozinho.

Foram todos das águas se afastando,
Receosos da forte maresia
E daqueles, no mar da poesia
Só Geraldo Alencar ficou nadando.

(Hospital São Francisco, Rio de Janeiro – 1975)

Filho de gato é gatinho

Era o esposo assaltante perigoso,
O mais famoso dentre os marginais,
Porém, se ele era assim astucioso
Sua esposa roubava muito mais

A ladra certo dia se sentindo
Com sintonia e sinal de gravidez
Disse ao marido satisfeito e rindo:
— Eu vou ser mãe pela primeira vez!

Ouça, querido, eu tive um pensamento
Precisamos viver com precaução
Para nunca saber nosso rebento
Desta nossa maldita profissão

Nós vamos educar nosso filhinho
Dando a ele as melhores instruções
Para o mesmo seguir o bom caminho
Sem conhecer que somos dois ladrões

Respondeu o marido: — está direito,
Meu amor, você disse uma verdade
De hoje em diante eu procurarei um jeito
De roubar com maior sagacidade

Aspirando o melhor sonho de rosa
Ambos riam fazendo os planos seus
E mais tarde a ladrona esperançosa
Teve um parto feliz, graças a Deus

Ai, como é linda, que joinha bela
Diziam os ladrões, cheios de amor
Cada qual desejando para ela
Um futuro risonho e promissor

Mas logo viram com igual surpresa
Que uma das mãos da mesma era fechada.
Disse mãe, soluçando de tristeza:
— Minha pobre menina é aleijada

A mãe, aflita, teve uma lembrança
De olhar a mão da filha bem no centro
Quando abriu a mãozinha da criança
A aliança da parteira estava dentro

Lição do Pinto

Versos recitados pelo autor em um comício em favor da anistia

Vamos meu irmão,
A grande lição
Vamos aprender,
É belo o instinto
Do pequeno pinto
Antes de nascer.

O pinto dentro do ovo
Está ensinando ao povo
Que é preciso trabalhar,
Bate o bico, bate o bico
Bate o bico tico-tico
Pra poder se libertar.

Vamos minha gente,
Vamos pra frente
Arrastando a cruz
Atrás da verdade,
Da fraternidade
Que Pregou Jesus.

O pinto prisioneiro
Pra sair do cativeiro
Vive bastante a lutar.
Bate o bico, bate o bico,
Bate o bico tico-tico
Pra poder se libertar.

Se direito temos,
Todos nós queremos
Liberdade e paz,
No direito humano
Não existe engano,
Todos são iguais.

O pinto dentro do ovo
Aspirando um mundo novo
Não deixa de beliscar
Bate o bico tico-tico
Bate o bico, bate o bico,
Pra poder se libertar.

SECA DÁGUA

Musicada e cantada pelos artistas do
Nordeste Já – 1985

É triste para o Nordeste
O que a Natureza fez
Mandou 5 anos de seca,
Uma chuva em cada mês
E agora em 85
Mandou tudo de uma vez.

REFRÃO

A sorte do nordestino
É mesmo de fazer dó,
Seca sem chuva é ruim
Mas seca dágua é pió.

Quando chove brandamente
Depressa nasce o capim,
Dá milho, arroz e feijão,
Mandioca e amendoim,
Mas como em 85
Até o sapo achou ruim.

REFRÃO

Maranhão e Piauí
Estão sofrendo por lá
Mas o maior sofrimento
É nestas bandas de cá.
Pernambuco, Rio Grande,
Paraíba e Ceará.

REFRÃO

O Jaguaribe inundou
A cidade do Iguatu
E Sobral foi alagado
Pelo rio Aracajú.
O mesmo estrago fizeram
Salgado e Banabuiú.

REFRÃO

Ceará martirizado
Eu tenho pena de ti,
Limoeiro, Itaiçaba,
Quixeré e Aracati,
Faz pena ouvir o lamento
Dos flagelados dali.

REFRÃO

Meus senhores governantes
Da nossa grande Nação
O flagelado das enchentes
É de cortar o coração,
Muitas famílias vivendo
Sem lar, sem roupa e sem pão.

REFRÃO

Tereza Potó

Quem já nasceu azarado
Veve de mal a pió
O seu mamoêro é macho,
Não cai preá no quixó,
Mesmo ele andando no prano
Cai dentro do brocotó
E ninguém tira a mandinga
Ninguém tira o catimbó,
Nem reza de feiticêro
Lá das matas de Copo,
De tudo que eu tou dizendo
Dou a prova, veja só.

Num dia de sexta-fêra
Eu vi Tereza Potó
Com seu vestido de chita
Infeitado de filó,
Os beiço bem tinturado
E o rosto branco de pó,
Doidinha por namorado
Chorando de fazê dó
Já se achava impaciente
Afobada e zuruó,
Às cinco e meia da tarde
Se encontrou com Siridó,
Siridó era tão feio,
Tão feio como ele só
O cabelo era assanhado
Parecia um sanharó
Um braço, todo injambrado
Todo cheio de nopró

Os óio da cô de brasa
E um lubim no gogó.
Mas Tereza se agradou
E começou o chodó
Preguntou: você me qué?
E ele respondeu ó ó,
Eu quero você todinha
Da cabeça ao mocotó
E dali saíro os dois
Para dançá num forró
Que havia naquela noite
Na casa de Zé Tingó
Na latada de palmêra
Da terra subia o pó
Tereza Potó já tava
Moiadinha de suó
Mas assim mesmo dizia:
Não tem coisa mais mió
Depois compraro passage
No carro de Zé Jacó
E saíro do Iguatu
Para casá no Icó,
Porém lá naqueles meio
Perto do açude do Oró
O carro faltou o freio
E desceu num cafundó,
Por riba de pau e pedra
No maió torototó,
Morreu logo o motorista
Chamado José Jacó,
Morreu Tereza Potó
E morreu o Siridó,
O namoro deles dois
Se acabou tudo no ó.

A ENFERMEIRA DO POBRE

Não consiste na riqueza
Na posição ou grandeza
A maior felicidade,
É de Deus que ela nos vem,
É muito feliz quem tem
O dom da fraternidade.

Quem tem prazer em servir
A sua fé no porvir
Cada vez mais evolui,
Faço referência agora
Sobre uma simples senhora
Que o meu Assaré possui.

Nós todos a conhecemos
Testemunhamos e vemos
O seu sentimento nobre,
Toda casa de família
Conhece Maria Ermília
A enfermeira do pobre.

Com muita abnegação
Dentro de sua missão
Maria Ermília oferece
A caridade, o amor
E a beleza interior
Ao doente que padece.
No caminho da virtude
Nunca mudou de atitude
Quer de noite quer de dia,
Qualquer pobre domicílio
Conta com o grande auxílio
Da enfermaria Maria.

Vai enfermeira de Deus
Com estes cuidados teus
Praticando a penitência,
Que dentro deste teu grêmio
Tu receberá o prêmio
Da Divina Providência.

Não há quem saiba na terra
A caridade que encerra
Teu coração de mulher
Pelo valor que tu tens
Recebas os parabéns
De quem te preza e te quer.

Quadras

Toda Natureza cheia
Com os possuídos seus
É um grãozinho de areia
Na palma da mão de Deus.

Morena, você me deixe
Viver quieto e sossegado,
Por causa da isca o peixe
Vai preso e sacrificado.

Você que passa grã-fina
Lavando o ninho dos ninhos
Tenha cuidado menina
Com estes dois passarinhos.

Correntes de grossas águas,
Que tudo levas à toa,
Por que não levas as mágoa
Da mágoa que me magoa?

Naquele belo ambiente
Ninguém pode estar seguro,
Muitos morrem no presente
Lá na praia do Futuro.

A mulher também tem isca
Da forma que o anzol tem.
Um belisca outro belisca
Até que o mais tolo vem.

A rosa do meu ciúme
Me negou os seus carinhos,
Levou beleza e perfume
Só me deixou os espinhos.

Quando o amor não é fiel
É o instinto quem domina,
Depois da lua-de-mel
Vem o fel da quinaquina.

Como é que amor verdadeiro
Pode haver entre nós dois?
Se tudo teu é primeiro
E o que é meu sempre depois?

Cada qual na sua lida
Trabalha constantemente,
Anda a gente atrás da vida
E anda a morte atrás da gente.

Pra gente saber que é besta
Precisa estudar besteira,
terça, quarta, quinta, sexta,
Sábado e segunda-feira.

A língua é tal qual a faca,
É como outra arma qualquer,
Pois a mesma só ataca
A quem seu dono quiser.

Ao amor nasci propenso,
Só nele tenho pensado
E tanto pensei que penso
Que sele fui dispensado.

Desde o dia em que partiste
Deste sertão para rua
Meu coração ficou triste
Tal qual a noite sem lua.

Com três meninas, meu fado
É feliz, graças a Deus,
Tu, que vives ao meu lado
E as duas dos olhos teus.

Desde o dia de tristeza
Quando te deixei na cova,
Foi sepultada a beleza
Dos versos da minha trova.

Que alguém morre por alguém,
Sempre ouvi alguém dizer
Porém quando a morte vem
Não há quem queira morrer.

Quando eu te vejo, Maria,
Com tua pele de lixa,
Me lembro quando eu vivia
Atirando em lagartixa.

Mesmo a mãe dando gemido
Desfalecida de fome
O seu filhinho querido
Será o primeiro que come.
Sempre satisfeito estou
Com os sofrimentos meus,
Cada passada que dou
Fico mais perto de Deus.

Em um jardim eu entrei
Vi rosas de várias cores
Porém lá não encontrei
A rosa de meus amores.

A lua foi a ilusão
Do poeta sonhador,
Porém hoje está na mão
Do astronauta voador.

AO PADRE MIRACAPILO

Porque vivias trabalhando ao lado
Dos operários que padecem tanto,
Porque enxugavas do mendigo o pranto,
Pelos ricaços foste censurado.

Por seres justo, foste injustiçado,
Porém teu gesto, fraternal e santo,
Qual nota linda de um saudoso canto
Eternamente ficará gravado.

Grande saudade no país deixaste
Entre os humildes onde doutrinaste
Apresentando um sentimento nobre,

Mesmo vivendo do Brasil distante,
Deus estará contigo a todo instante
Miracapilo, protetor dos pobres.

No cemitério

Querendo um dia ver algum mistério
Das coisas tristes que este mundo tem,
Impressionado fui ao cemitério,
Onde podemos mais pensar no Além.

No Campo Santo, no sombrio império,
De olhar piedoso a recordar alguém
Entre soluços em um tom funério
Muitos choraram e eu chorei também.

Mas nesta vida sempre há um sujeito
Que da miséria tira o seu proveito.
Vi no semblante do senhor coveiro,

A indiferença ao doloroso assunto,
Interessado a receber defunto
Fazia cova pra ganhar dinheiro.

Prezado amigo

Prezado amigo, uma expressão comum
Que muitos dizem, como eu também digo,
Porém no mundo, verdadeiro amigo
É feliz quem possui ao menos um.

Se alguém convida procurando algum:
Prezado amigo, venha ao meu abrigo,
Venha amanhã para almoçar comigo,
Sem atender não ficará nenhum.

Porém, dizendo: meu amigo eu morro
Venha depressa, venha em meu socorro,
São negativas todas as respostas,

Aquele mesmo que gostou do prato
Mostrando agora o seu papel de ingrato
Indiferente vai lhe dando as costas.

Chico Forte

O Chico Forte era um sujeito duro
Cruel, malvado que matava gente,
Este assaltante, monstro delinqüente
Deixava o claro para andar no escuro.

Roubava casas e pulava muro,
Vil, assassino, traidor, valente,
Nonguém ousava lhe tomar a frente,
Era um assombro o seu viver impuro.

Mas, disse um dia o cemitério à morte:
Você procure o cabra Chico Forte
Se este eu abraço, não desprezo aquele,

Se eu quero os filhos, não desprezo os pais,
Na minha mesa todos são iguais
Traga o Francisco que eu preciso dele.

Gratidão

Não podemos negar a proteção
Ao coitado infeliz, pobre mendigo,
Quando às vezes recorre ao nosso abrigo
Procurando comer do nosso pão.

Precisamos ao mesmo dar a mão
Relembrando este dito muito antigo
Todo aquele que sabe ser amigo
Sempre encontra um papel de gratidão.

Tu, mangueira, delgada e tão bonita,
Recebendo em teu tronco parasita
Com certeza do mesmo não gostaste,

Porém hoje, pagando a substância,
Com as flores repletas de fragrância
Ele vai perfumando a tua haste.

O padre Henrique e o dragão da maldade

Sou um poeta dos matos
Vivo afastado dos meios
Minha rude lira canta
Casos bonitos e feios,
Eu canto meus sentimentos
E os sentimentos alheios.

Sou caboclo nordestino,
Tenho mão calosa e grossa,
A minha vida tem sido
Da choupana para a roça,
Sou amigo da família
Da mais humilde palhoça.

Canto da mata frondosa
A sua imensa beleza,
Onde vemos os sinais
De pincel da natureza,
E quando é preciso eu canto
A mágoa, a dor e a tristeza.

Canto a noite de São João
Com toda sua alegria,
Sua latada de folha
Repleta de fantasia
E canto o pobre que chora
Pelo pão de cada dia.

Canto o crepúsculo da tarde
E o clarão da linda aurora,
Canto aquilo que me alegra
E aquilo que me apavora
E canto os injustiçados
Que vagam de mundo afora.

E por falar de injustiaça
Traidora da boa sorte
Eu conto ao leitor um fato
De uma bárbara morte
Que se deu em Pernambuco
Famoso Leão do Norte.

Primeiro peço a Jesus
Uma santa inspiração
Para escrever estes versos
Sem me afastar da razão
Contando uma triste cena
Qua faz cortar coração.

Falar contra as injustiças
Foi sempre um dever sagrado
Este exemplo precioso
Cristo deixou registrado,
Por ser reto e justiceiro
Foi no madeiro cravado.

Por defender os humildes
Sofreu as mais cruéis dores
E ainda hoje nós vemos
Muitos dos seus seguidores
Morrerem barbaramente
Pelas mão dos malfeitores.

Vou contar neste folheto
Com amor e piedade,
Cujo título encerra
A mais penosa verdade:
O Padre Antônio Henrique
E o Dragão da Maldade.

O Padre Antônio Henrique
Muito jovem e inteligente
A 27 de maio
Foi morto barbaramente
Do ano 69
Da nossa era presente.

Padre Henrique tinha apenas
29 anos de idade,
Dedicou sua vida aos jovens
Pregando a santa verdade
Admirava a quem visse
A sua fraternidade.

Tinha três anos de padre:
Depois que ele se ordenou
Pregava a mesma missão
Que Jesus cristo pregou
E foi por esse motivo
Que o Dragão lhe assassinou.

Surgiu contra Padre Henrique
Um fúria desmedida
Ameaçando a igreja
Porque estava decidida
Conscientizando os jovens
Sobre os problemas da vida.

Naquele tempo o Recife,
Grande e bonita cidade,
Se achava contaminada
Pelo Dragão da Maldade,
A rancorosa mentira
Lutando contra a verdade.

Nesse clima de tristeza
Os dias iam passando,
Porém nosso Padre Henrique
Sempre a verdade explicando
E ameaças contra a igreja
Chegavam de vez em quando.

Por causa de seu trabalho
Que só o que é bom almeja
O espírito da maldade,
Que tudo estraga e fareja,
Fez tristes acusações
Contra D. Helder e a igreja.

Com o fim de atemorizar
O apóstolo do bem
Chegavam cartas anônimas
Com insulto e com desdém.
Porém quem confia em Deus
Jamais temeu a ninguém.
Anônimos telefonemas
Com assuntos de terror
Chegavam, constantemente,
Cheios de ódio e rancor
Contra Padre Henrique, o amigo
Da paz, da fé e do amor.

Os ditos telefonemas
Faziam declaração
De matar 30 pessoas
Sem ter nem compaixão
Que tivessem com D. Helder
Amizade ou ligação.

Veja bem leitor amigo
Quanto é triste esta verdade:
O que defende os humildes
Mostrando a luz da verdade
Vai depressa perseguido
Pelo Dagrão da Maldade.

Mas o ministro de Deus
Possui o santo dever
De estar di lado dos fracos
Sua causa a defender,
Não é só salvar a alma
Também precisa comer.

Os poderosos não devem
Oprimir de mais a mais,
A justiça é para todos,
Vamos lutar pela paz.
Ante os direitos humanos
Todos nós somos iguais.

A igreja de Jesus
Nos oferece orações
Mas também precisa dar
Aos humildes instruções,
Para que possam fazer
Suas reivindicações.

Veja meu caro leitor
A verdade o quanto é:
O Padre Henrique ensinava
Cheio de esperança e fé,
Aquelas mesmas verdades
De Jesus de Narazé.

E foi por esse motivo
Que surgiu a reação,
Foi o instinto infernal
Com a fúria do Dragão,
Qua matou o nosso guia
De maior estimação.

A 27 de maio,
O santo mês de Maria,
No ano 69
A Natureza gemia
Por ver o corpo de um padre
Morto sobre a terra fria.

Naquele dia de luto
Tudo se achava mudado.
Parece até que o Recife
Se encontrava envergonhado
Por ver que um triste segredo
Estava a ser revelado.

Rádio, TV e jornais,
Nada ali noticiaram
Porque as autoridades
Estas verdades calaram
E o Padre Antônio Henrique
Morto no mato encontraram.

Estava o corpo do Padre
De faca e bala furado,
Também mostrava ter sido
Pelo pescoço amarrado
Provando que antes da morte
Foi bastante judiado.

No mato estava seu corpo
Em situação precária,
Na região do lugar
Cidade Universitária,
Foi morto barbaramente
Pela fera singuinária.

Por aquele mesmo tempo
Muitos atos agravantes
Surgiram lá no Recife
Contra os jovens estudantes
Que devem ser no futuro
Da pátria representantes.

Invadiram o Diretório
Estudantil, um recinto
Universidade Católica
De Pernambuco e, não minto,
Foi atingido por bala
O estudante Cândido Pinto.

Foi seqüestrado e foi preso
E estudante Cajá
O encerramento no cárcere
Passou um ano por lá
Meu Deus! A democracia
Deste país onde está?

Cajá, o dito estudante,
Pessoa boa e benquista,
Pra viver com os pequeninos
Deixou de ser carreirista
E por isto o mesmo foi
Tachado de comunista.

Será que ser comunista
É dar ao fraco instrução,
Defendendo os seus direitos
Dentro da justa razão,
Tirando a pobreza ingênua
Das trevas da opressão.

Será que ser comunista
É mostrar certeiros planos
Para que o povo não viva
Envolvido nos enganos
E possam se defender
Do jugo dos desumanos.

Será que ser comunista
É saber sentir as dores
Da classe dos operários,
Também dos agricultores
Procurando amenizar
Horrores e mais horrores.

Tudo isto, leitor, é truque
De gente sem coração
Que com o fim de trazer
Os pobres na sujeição,
Da palavra comunismo
Inventa um bicho-papão.

Porém a igreja dos pobres,
Fiel se comprometeu,
Cada um tem o direito
De defender o que é seu
Para quem segue Jesus
Nunca falta um Cirineu.

Mostrando a mesma verdade
De Jesus da Palestina
O movimento se estende
Contra a opressão que domina
Sobre os nossos irmão pobres
De toda América Latina.

Quando Jesus Cristo andou
Pregando sua missão,
Falou sobre a igualdade,
Fraternidade e união,
Não pode haver injustiça
Na sua religião.

Por este motivo a igreja
Nova posição tomou
Dentro da América Latina
A coisa agora mudou,
O bom cristão sempre faz
Aquilo que Deus mandou.

É justo por excelência
O autor da criação,
Devemos amar a Deus
Por direito e gratidão,
Cada um tem o dever
De defender seu irmão.

Por isto, os nossos pastores,
Trilham penosas estradas
Observando de Cristo
Suas palavras sagradas,
Trabalhando em benefício
Das classes desamparadas.

Declarando dessa forma
A santa luz da verdade
Para que haja entre todos
Amor e fraternidade
E boa organização
Dentro da sociedade.

Pois vemos o estudante
Pelo poder perseguido.
Operário, agricultor.
O nosso índio querido
E o negro? Pobre coitado!
É o mais desprotegido.

Vendo a medonha opressão
Me vem à mente o que disse
O grande bardo baiano
    (Castro Alves)
O poeta dos escravos
Apelando ao soberano.

Senhor Deus dos desgraçados
Dizei-me vós, Senhor Deus,
Se é mentira, se é verdade
Tenho horror perante os céus...

Meu caro leitor desculpe
Esta falta que cometo
Me desviando do assunto
Da história que lhe remeto,
O caso do Padre Henrique,
Motivo deste folheto.

Se me desviei do ritmo,
Não queira se aborrecer,
É porque as outras coisas
Eu queria lhe dizer,
Pois tudo que ficou dito
Você precisa saber.

Mas, agora lhe prometo
Com bastante exatidão
Terminar para o amigo
Esta triste narração
Contando tudo direito
Sem sair da oração.

Eu disse ao caro leitor
Que foi no mato encontrado
Nosso Padre Antônio Henrique
De faca e bala furado,
Agora conto direito
Como ele foi sepultado.

Na igreja do Espinheiro
Foi o povo aglomerado
E ao cemitério da Várzea
Foi pelos fiéis levado
O corpo do Padre Henrique
Que morreu martirizado.

Enquanto o cortejo fúnebre
Ia levando o caixão
Este estribilho se ouvia
Pela voz da multidão
"Prova de amor maior não há
Que doar a vida pelo irmão."

Treze quilometros de pé
Levaram o corpo seu
Lamentando lacrimosos
O caso que aconteceu,
A morte de um jovem padre
Que pelos jovens morreu.

Ia naquele caixão
Que grande exemplo deixou
Em defesa aos oprimidos
A sua vida entregou
E foi receber no Céu
O que na terra ganhou.

O corpo ia acompanhado
Em forma de procissão,
Com as vozes dos fiéis
Ecoando na amplidão:
"Prova de amor maior não há
Que doar a vida pelo irmão."

A vida do Padre Henrique
Vamos guardar na memória,
Ele morreu pelo povo,
É bonita a sua história
E foi receber no Céu
Sua coroa de glória.

Pensando no triste caso
Entristeço e me comovo,
O que muitos já disseram,
Eu disse e digo de novo,
O Padre Henrique é um mártir
Que morreu pelo seu povo.

Prezado amigo leitor
Esta dor é minha e sua
De ver morrer Padre Henrique
De morte tirana e crua,
Porém a igreja dos pobres
Sua luta continua.

Quem da igreja do Espinheiro
Santa casa de oração
As cemitério da Várzea,
Palmilhar aquele chão
A 27 de maio,
Sentirá recordação.

Do corpo de um Padre jovem
Conduzido em um caixão,
Me parece ouvir uns versos
Com sonora entoação:
"Prova de amor maior não há
Que doar a vida pelo irmão."

DESILUSÃO

Como a folha no vento pelo espaço
Eu sinto o coração aqui no peito,
De ilusão e de sonho já desfeito,
A bater e a pulsar com embaraço.

Se é de dia, vou indo passo a passo
Se é de noite, me estendo sobre o leito,
Para o mal incurável não há jeito,
É sem cura que eu vejo o meu fracasso.

De Parnaso não vejo o belo monte,
Minha estrela brilhante no horizonte
Me negou o seu raio de esperança,

Tudo triste em meu ser se manifesta,
Nessa vida cansada só me resta
As saudades do tempo de criança.

Reforma Agrária

Pobre agregado, força de gigante,
Escuta amigo o que te digo agora,
Depois da treva vem a linda aurora
E a tua estrela surgirá brilhante.

Pensando em ti eu vivo a todo instante,
Minha alma triste desolada chora
Quando te vejo mundo afora
Vagando incerto qual judeu errante.

Para saíres da fatal fadiga,
Do horrível jugo que cruel te obriga
A padecer situação precária

Lutai altivo, corajoso e esperto
Pois só verás o teu país liberto
Se conseguires a reforma agrária.

MOTE

Coronel, tenha cuidado,
Que o comunismo aí vem.

GLOSAS

A nossa crise fatal,
Cada dia mais aumenta
O pobre já não agüenta
Esta opressão atual,
O peso deste costal
É carga pra mais de um trem,
Isso assim não nos convém,
O povo está revoltado,
Coronel, tenha cuidado,
Que o comunismo aí vem.

Fale com os seus patrões
Para que, por suas vezes,
Protejam os camponeses
Que vivem pelos sertões
Sem terra, sem instruções
E sem auxílio de alguém;
Eles são filhos também
Deste Brasil adorado:
Coronel, tenha cuidado,
Que o comunismo aí vem.

É coisa bem necessária
Minorar o sofrimento,
Ao pobre dando instrumento
Concernente à vida agrária;
A situação precária
Dos camponêses vai além,
Há matuto que não tem
Com que tratar do roçado:
Coronel, tenha cuidado,
Que o comunismo aí vem.

Dentro da classe cativa
Chora o rude camponês,
Sob jugo do burguês,
Que fala com voz altiva,
Querendo que o povo viva
Sem proteção de ninguém,
Por séculos sem fim, amém,
Para sempre abandonado:
Coronel, tenha cuidado,
Que o comunismo aí vem.

O pobre não pode mais
Se expor a tantas fadigas,
Para aumentar as barrigas
Dos chupões nacionais.
Quem vai por estes canais
Morre e não ganha um vintém,
Perde noventa por cem,
Pois vive sempre explorado:
Coronel, tenha cuidado,
Que o comunismo aí vem.

O sertanejo sem luz
De letra e civilidade.
Cheio de necessidade.
Vergado ao peso da cruz.
Tão pobre como Jesus,
Quando nasceu em Belém,
Não tem mais fé no porém
Do povo civilizado:
Coronel, tenha cuidado,
Que o comunismo aí vem.

Saudação ao Juazeiro do Norte

Mesmo sem eu ter estudo,
Sem ter da escola o bafejo,
Juazeiro, eu te saúdo
Com o meu verso sertanejo.
Cidade de grande sorte,
De Juazeiro do Norte,
Tens a denominação,
Mas teu nome verdadeiro
Será sempre Juazeiro
Do Padre Cícero Romão.

O Padre Cícero Romão,
Que, por vocação celeste,
Foi, com direito e razão,
O apóstolo do Nordeste.
Foi ele o teu protetor,
Trabalhou com grande amor,
Lutando sempre de pé
Quando vigário daqui,
Ele semeou em ti
A sementeira da fé.

E com milagre estupendo
A sementeira nasceu.
Foi crescendo, foi crescendo.
Muito ao longe se estendeu.
Com a virtude regada.
Foi mais tarde transformada
Em árvore frondosa e rica.
E com a luz medianeira
Inda hoje a sementeira
Cresce, flora e frutifica.

Juazeiro, Juazeiro.
Jamais a adversidade
Extinguirá o luzeiro
Da tua comunidade.
Morreu o teu protetor,
Porém a crença e o amor
Vive em cada coração.
E é com razão que me expresso:
Tu deves o teu progresso
Ao Padre Cícero Romão.

Aquele ministro amado,
Que tanto favor nos fez,
Conselheiro consagrado
E o doutor do camponês.
Contradizer não podemos
E jamais descobriremos
O prodígio que ele tinha:
Segundo a popular crença,
Curava qualquer doença,
Com malva branca e jarrinha.

Juazeiro, Juazeiro,
Tua vida e tua história
Para o teu povo romeiro
Merece um padrão de glória.
De alegria tu palpitas,
Ao receber as vistas
De longe, de muito além.
Grande glória tu tiveste!
Do nosso caro Nordeste
Tu és a Jerusalém.

Sempre me lembro e relembro,
Não hei de me deslembrar:
O dia 2 de novembro,
Tua festa espetacular,
Pois vêm de muitos Estados
Os carros superlotados
Conduzindo os passageiros
E jamais será feliz
Aquele que contradiz
A devoção dos romeiros.

No lugar onde se achar
Um fervoroso romeiro,
Ai daquele que falar,
Contra ou mal do Juazeiro.
Pois entre os devotos crentes,
Velhos, moços e inocentes,
A piedade é comum,
Porque o santo reverendo
Se encontra ainda vivendo
No peito de cada um.

Tu, Juazeiro, és abrigo
Do amor e da piedade.
Eu te louvo e te bendigo
Por tua felicidade.
Me sinto bem quando vejo
Que tu és do sertanejo
A cidade predileta.
Por tudo quanto tu tens
Recebe estes parabéns
Do coração de um poeta.

Um cearense desterrado

Fiz uma coisa no mundo
Que hoje arrependido me acho
Vivi com um vagabundo
Sempre andando arriba e abaixo
Remexi o Sul e o Norte
Andei a pé e de transporte
De todo jeito eu andei
Sem tirá do coração
O pedacinho de chão
Onde eu nasci e me criei.

Sou fio do Ceará
Minha terra é bem distante
E aquele que nasce lá
É como o judeu errante,
Parece que uma formiga
Friviando nele obriga
A dexá tudo que é seu
Pra vagá na terra estranha
Tecendo que nem aranha
Caçando o que não perdeu.

Quando eu tinha dezoito ano
Me larguei de mundo afora
Assim à moda cigana
Que onde chega não demora.
E hoje sem vê minha gente.
Véio, cansado e doente,
Me doendo as carne e os osso
Tou prisionêro daqui
Como tatu no giqui,
Quero vortá mas não posso.

É muito triste o meu pranto
E dura a minha sentença.
Não há dô pra doê tanto
Como dói a dô da osença
O meu maió desengano
É pensá nos meus seis ano
Quando eu vivia a brincá
Cantando pelo terrêro:
"Meu limão meu limoêro
Meu pé de jacarandá".

Com os fio do meu tio
Era boa a brincadêra
De pião, de currupio,
De bodoque e baladêra,
Pensando na minha infança
Sinto o espinho da lembrança
Furando meu coração,
Pensando naquela idade
O meu armoço é sodade
E a janta recordação.

Hoje vejo e tou ciente
Que a gente só goza a vida
Vivendo como os da gente
Na mesma terra querida,
Bem que o meu avô dizia
Com munta filosofia
Este dito populá
Que a gente não contrareia:
"O boi pelas terra aleia
Até as vaca lhe dá."

Eu vejo que munto peco,
Dêxei meu torrão querido
Pra vivê nos inteleco
Deste Brasi desmedido,
Quage na extrema da estranja
Onde o pobre não arranja
Um jeito para vortá,
Minha sentença é de réu,
Sei que daqui vou pro céu
Sem vê mais meu Ceará.

Meus querido conterrano
Iscute o que eu tou dizendo
Pra não sofrê o desengano
Do jeito que eu tou sofrendo,
Tope fome, peste e guerra
Mas não dêxe a sua terra,
Tenha corage, resista,
Não quêra mudá o destino,
O Sul é para o sulino
E o Norte é para o nortista.

Nordestino, meu amigo,
Tope fome, guerra e peste
Mas não dêxe o seu abrigo
Não saia do seu Nordeste.
Lute pelos seus dereito
Até incrontá um jeito
De ninguém lhe escravizá
Estas terra por aí
Pertence ao mesmo Brasi
Descoberto por Cabrá.

Eu vejo que munto erra
Quem não óia com amô
Para sua prope terra
Do seu pai e do seu avô,
Nordestino, nordestino,
Não quêra mudá o destino,
Não despreze o seu Estado
Por aquilo que é aleio,
Guarde na mente os conseio
Deste pobre desterrado.

Carta à doutora Henriqueta Galeno em 1929

Incelentíssima dotoura,
Peço perdão à senhora
Desta carta lhe enviá;
Mas leia os verso rastêro
De um cabôco violêro
Do sertão do Ceará.

Sou o cantadô Patativa,
Que trôxe aquela missiva,
Aquele papé escrito
E cantou no seu salão,
Com a recomendação
De Zé Carvaio de Brito.

Tou lembrando e não me engano,
Faz hoje vinte e dois ano
Que do Pará eu vortei,
E aí, nesse salão,
Com grande satisfação
Na viola provisei.

Mode prová quem sou eu.
Já dixe o que aconteceu
Com a verdade compreta.
Agora vou lhe contá
Quá é o fim principá
Desta carta de poeta.

É pedi um objeto,
O tesouro mais dileto
Que a gente pode estimá,
Jóia de valô prefeito,
Que vale mais que os infeito
Da corôa imperiá.

Esse objeto incelente
Que veve na minha mente,
E um só momento não sai,
É o volume precioso,
Do poeta primoroso,
Juvená, o seu papai.

É aquele volume de ôro,
Aquele rico tesôro
Do maió dos trovadô,
É o livro de um bom poeta,
Que cantou as onda inquieta
E a vida do pescadô.

É o livro do poeta honrado
Que tem o nome gravado
Na história do Ceará,
E foi quem cantou primêro
Neste pais brasilêro
As cantiga populá.

Já percurei fortemente,
E quando fiquei ciente
Que não podia obtê
Vim me valê da dotôra,
Porque somente a senhora
Pode me sastisfazê.

Um candidato político na casa de um caçador

Seu dotô vem de viage
Deve tá munto enfadado,
O dia já tá findando,
Seu cavalo tá cansado
Vou botá ele na roça
E esta casa aqui é nossa
Pra quem quisé se arranchá,
Conceição minha muié
Já vem trazendo o café,
Depois nós vamo jantá.

Mas primêro eu lhe pergunto,
O sinhô come tatu?
Lapichó, viado, peba,
A juriti, o jacu,
Asa branca e zabelê?
Se come, pode dizê,
Não vá se acanhá, dotô,
Tudo isto eu tenho guardado,
O sinhô tá hospedado
Na casa dum caçadô.

O sinhô disse que come?
Então já tenho certeza
Que o moço vai passar bem,
A janta já tá na mesa,
Se assente nesta cadêra
Que fica na cabicêra
E não quêra se acanhá,
Que eu não me acanho também
Com esses home que vem
Da banda da capitá.

Se o dotô fala bonito,
Pruquê na escola aprendeu,
Mas sou gente como ele
E ele é gente como eu
A beleza de linguagem,
Tudo é bestêra, é bobage,
Eu só na verdade creio,
Fica uma coisa isquisita
Tanta palavra bonita
Com mentira pelo meio.

Tô vendo que o sinhô gosta,
Já inrolou mais dum prato
Parece que vamicê
Também já morou no mato;
Se achou bom pode comê
Que pra mim é um prazê
E esta nossa moradia
De caça é bem previnida
E pro lado de comida
Ninguém faz inconomia.

Agora que nós jantemo,
Inchemo nossas barriga
Vou fazê uma pregunta.
Quero que o dotô me diga:
Que é que aqui anda fazendo,
Por este sertão sofrendo,
Parando aqui e acolá,
Sem sabê caminho certo
Será porque já tá perto
Da campanha eleitorá?

Garanto como acertei,
Sei que tô falando exato,
Este seu jeito parece
Com jeito de candidato,
Se vem com este sentido
O seu trabaio é perdido,
Eu não gosto de inleição
E pra mió lhe dizê
Aqui ninguém sabe lê,
Nem eu e nem Conceição.

E se eu tivesse leitura,
Vou lhe dizê e fica dito
Votava mas era em branco
Pra garanti o meu tito,
Eu presto atenção e noto
Que aqui os que dero voto
Todo trabaio perdeu,
Aqui para o nosso lado
O povo que tem votado
Nunca favô recebeu.

O meu avô e o meu pai
Votava em toda inleição,
Morrero de trabaiá
Sem recebê proteção;
Isto sempre foi assim,
Sempre de ruim a mais ruim
E onte uvi arguém contá
Que continua a caipora
E que o Brasi só miora
Se este rejume mudá.

Eu não entendo de nada,
Meu mundo é bem deferente
E nunca quis e nem quero
Relação com certa gente,
Vou levando a vida minha
Prantando minha rocinha
E dando minhas caçada,
É mió sê caçadô
do que sê um inleitô
pra votá sem ganhá nada.

Agora eu mudo de rumo
Vou de outro assunto tratá,
Se eu não entendo política,
Não vou meu tempo gastá,
Vou é falá de caçada
Que o dotô não sabe nada
Das coisa do meu sertão,
Vou falá de ribuliço
De marmota e sacrifiço
Nas noite de assombração.

Ói seu moço pode crê
Como eu que vivo a caçá
Vejo coisas nessas mata
Do cabelo arrupiá.
Já uvi dentro da brenha
Uma voz gritando, venha!
E outra respondê, já vou!
Tudo aquilo é a caipora
Que dentro das mata mora
Presseguindo os caçadô.

Que é que vai vê um vaquêro
Noite de escuro nos mato,
Isfolando memelêro
No maió espaiafato?
Correndo disisperado,
Como quem vai animado
Para uma rês derrubá?
Lhe juro em nome de Cristo
As coisa que eu tenho visto
É do sibito piá.

Tem delas que até parece
Com a pintura de Diogo,
Se vê um pau ramaiudo
Se ardendo e pegando fôgo,
A coisa não é brinquedo,
É mesmo de fazê medo
Esta grande assombração,
O vento forte assoprando
E a lavareda roncando
Jogando brasa no chão.

Com isto o caçadô vorta
Desenganado pra casa
E no outro dia vai lá
Pra vê as cinza e as brasa,
Mas brasa e cinza não tem,
Tudo lá tá tudo bem
Com a forma naturá,
Ele repara de perto
E vê que tá tudo certo,
Sem tê de fogo um siná.

Tudo aquilo é a caipora
Com a sua arrumação,
Não há quem conte nos mato
Os tipo de assombração,
Na noite dessas pirraça
Ninguém arranja uma caça
Fica tudo deferente,
Quando essas coisa acontece
Até o cachorro entristece,
Não sai de perto da gente.

O que é isso seu dotô!
No seu jeito eu tô notando
Que de tudo que eu lhe disse
O sinhô tá duvidando,
Se qué sabê se é exato
Vamo comigo pro mato,
Pra Chapada do Espigão,
Hoje é bom que é sexta-fêra
Vao sabê se é brincadêra
Historia de assombração.

O sinhô não sabe nada
Das coisa do meu sertão,
Só conhece futibó,
Cinema e televisão,
Se vossimicê nos mato
Incrontasse ispaiafato
Como eu já tenho encontrado,
La do mato o sinhô vinha
Com a carça moiadinha
Da braguia ao imbanhado.
O sinhô que é um dotô
E sabe lê e escrevê,
Tarvez passasse três dias
Sem conhece o ABC
E quando em casa chegasse
Que a sua muié oiasse
Lhe dizia achando ruim:
Meu véio, o que diabo é isto?
Eu nunca tinha lhe visto
De carça moiada assim.

E agora que já contei
Minha verdade sagrada
E é tarde, vamo drumi,
Sua rede tá arrumada,
Aqui zuada não tem,
O dotô vai drumi bem
Um sono reparadô
Com o seu amô sonhando,
Não tem carro businando
Nem zuada de motô.

Bom, dia seu candidato,
Só pôde acordá agora?
Com certeza drumiu bem
Já passou das nove hora,
Depois que o rosto lavá
O sinhô vai merendá
Tomá café com beju
Fazendo misturada
Traçando com carne assada
De titela de jacu.

Já passou das nove hora,
Coma bem munto seu moço
A merenda tarde assim
Não é merenda é armoço,
Tem munta carne nos prato
E dessas caça dos mato
Eu vi que o sinhô gostou,
Come munto e come bem,
Parece que o sinhô vem
De raça de caçadô.

Eu já fiz o seu pedido
Seu cavalo tá celado,
Mas querendo demorá
Tem às orde um seu criado,
Se vamicê demorasse,
Tarvez a gente caçasse
Na Chapada do Espigão
Lá o sinhô se assombrava
E nunca mais duvidava
De historia de assombração.

Mas como já qué parti.
Vá fazê sua campanha.
Que o inleitô é quem perde
E o candidato é quem ganha.
Vá em paz seu candidato
Que eu fico aqui pelo mato
Fazendo minhas caçada.
É mió sê caçadô
Do que sê um inleitô
Pra votá sem ganhá nada.

Raimundo Jacó

(Versos recitados pelo autor no dia do vaqueiro)

Aqui o que a dizer tenho
Eu sei que o povo admite,
É que de ano em ano eu venho
Atendendo este convite,
Nos três dias festejados
Gente de vários Estados
No parque se manifesta
E eu sinto triste impressão
Por saber qual a razão
E o motivo desta festa.

Como poeta roceiro
Me encontro aqui novamente
Para falar de um vaqueiro
Que morreu barbaramente
Este vaqueiro afamado
É lembrado e relembrado
Como a luz que não se apaga,
Jamais o tempo destrói
A fama do grande herói
Primo de Luiz Gonzaga.

Com expressão compassiva.
Bom vaqueiro aboiador.
Aqui fala o Patativa
Teu grande admirador.
Neste dia alvissareiro
Nacional do vaqueiro,
Escutando a nossa voz
Tu desces lá do infinito
Para agradecer contrito
Vagando aqui entre nós.

Vem do campo e da cidade
Sem enfado nem preguiça
O povo com piedade
Assistir a tua missa
E eu também que não me esqueço
Comovido te ofereço
Na minha simplicidade
De caridade repleta,
Homenagem de um poeta
Da justiça e da verdade.

De chapéu, gibão e perneira
Na tua terra bonita,
Desde o Sítio dos Moreira
Às quebradas de Serrita,
Eras forte e destemido
Sem nunca temer tecido
De unha de gato e cipó,
O teu valor permanece
E hoje o Brasil já conhece
Quem foi Raimundo Jacó.

Foste num dia inditoso
Vítima de negra traição
Por um colega invejoso
Sem dó e sem compaixão,
Deixasse na terra a história
E partiste para a glória
Do nosso Pai Soberano
Na Santa Mansão Celeste,
Caboclo do meu Nordeste
Vaqueiro pernambucano.

Tu, vaqueiro nordestino,
Que foste um dia abatido
Pela mão do mau destino
Jamais serás esquecido,
Tua fama continua,
Sinto na noites de lua
A sensação de escutar
O teu aboio distante
E o lengo tengo distante
Do chocalho a badalar.

Longe da vida terrestre
Ao lado do santo trono,
Aos pés do Divino Mestre
Enquanto dormes teu sono,
Tu és lembrado Raimundo,
Com sentimento profundo
Com amor e devoção
Neste poema que eu rimo
E pela voz do teu primo
Luiz o Rei do Baião.

Juazèro e Petrolina

*(Poesia recitada pelo autor por ocasião do
segundo festival dos violeiros em Petrolina-PE.)*

Vou vortá bem satisfeito,
A viage não perdi
E vou falá com respeito
Sobre uma coisa que eu vi,
Eu nunca gostei de enredo
Mas vou contá um segredo
E sei que o povo combina,
Existe aqui um pobrema
Sobre este amoroso tema
Juazêro e Petrolina.

É coisa bastante certa
Que com relação ao amô
Só faz grande discoberta
Quem é bom pesquisadô;
Vocês quera discurpá,
Mas o bardo populá
Patativa do Assaré
Vai já falá pra vocês
De uma coisa que tarvez
Ninguém tenha dado fé.

Aqui na bêra do rio
Tem uma dô que consome,
Vejo a verdade e confio
Vi que o Juazêro é home
E Petrolina é muié,
Vi que o Juazêro qué
Com Petrolina se casá,
Porém corre um grande risco,
As água do São Francisco
Não deixa os dois se abraçá.

Tem um riso feiticêro
A linda pernambucana
E gosta do Juazêro
Moço da terra baiana,
Vejo tudo e tô ciente
Que o que ele sente ela sente
Mas esperança não tem
De sastifazê o desejo
Apenas envia beijo
Pela brisa que vai e vem.

Juazêro vai passando
Com a arma apaxonado
Do outro lado reparando
Para a sua namorada
E Petrolina conhece
E a mesma paixão padece
O namorado não esconde,
Lá do outro lado do rio
Juazêro dá o picio
E Petrolina responde.

Que seca ou inverno
Nesta terra nordestina,
Tem sempre um amô eterno
Juazêro e Petrolina.
Sei que é firme este namoro.
Porém existe um agôro,
Um azá, e um aperreio,
Ele do lado de lá
Ela do lado de cá
E o rio a roncá no meio.

Juazêro e Petrolina
De amô veve ardendo em brasa
Pois é munto triste a sina
De quem namora e não casa,
Quando o rio dá enchente
Mais os namorado sente,
Um de lá outro de cá
Cada quá faz sua quêxa
Cronta o rio que não dêxa
O sonho realizá.

Juazêro este baiano
Moço forte e destemido
De realizá seu prano
Já veve desinludido
Com a arma apaxonada
Óio para a namorada
Mas é grande o sofrimento
Pois não pode sê isposo
Divido o rio orguiso
Impatá seu casamento.

Inquanto descê nas água
Bascuio, barcêro e cisco,
Causando paxão e mágua
Este rio São Francisco
Capricho da Natureza,
Com a sua correnteza
Neste baruio maluco
Toda noite e todo dia,
Não será sogra a Bahia
E nem sogro o Pernambuco.

Se oiando de face a face
Petrolina o seu querido
Não pode fazê o inlace
Pruquê o rio intrometido
Do seu leito nunca sai,
É um suspiro que vai
E outro suspiro que vem
E nesta sentença crua
O namoro continua
Por um século sem fim amém.

AO REIS DO BAIÃO

Caboco Luiz Gonzaga!
Tu és do céu de Nabuco,
A estrela que não se apaga
Gulora de Pernambuco,
Tu é o dono da conquista
O mais fino e grande artista
Que canta baião pra nós.
De alegria pressiona
Quem ouve a tua sanfona
Ligada na tua voz.

Caboco de geno forte
Eu nunca vi como tu
Leva semente do Norte
Prumode prantá no Sul.
Tu sempre foi preferido
Em toda parte querido,
Mas porém tu é mais caro
Na terra pernambucana,
Prazê de dona Santana
E orguio de Januaro.

Por capricho do destino
Outrora tu foi sordado,
Mas Deus, nosso Pai Divino,
Te vendo um dia humiado
Disse: — "Luiz, dêxa a farda!
Esta vida de espingarda
Para tu é um horrô;
Pega a sanfona, Luiz!
Vai de país em país
Eu serei teu potretô."

E tu, pegando a sanfona,
Como bom e obediente,
Foi espaiando na zona
Da terra dos penitente,
Com tua rica cachola,
Este baião que não cai,
Este baião que já vai
Da terra inté lá no céu.

Neste requebro gaiato
Do teu grito de vaquêro,
Eu vejo o fié retrato
Do nordestino brasilêro
Oiço da vaca o gemido,
Do chucaio oiço o tinido
E a gaita do véio tôro,
E vejo a festa comum
Do sertão dos Inhamum
Terra de chapéu de côro.

Tua sanfona sodosa,
Com quem tu veve abraçado,
É a santa milagrosa
Ressuscitando o passado:
Inté mermo a criatura
Sisuda, de cara dura,
E de crué coração,
Fica branda como a cera
Uivando a voz prazentêra
Do grande rei do baião.

Quando tu dêxou de sê
Da filêra de sordado,
Não querendo mais sabê
Da luta do pau furado,
Que com teu geno profundo
Foi espaiando no mundo
A tua voz de tenô
De milagre incomparave
A vida ficou suave
E o Nordeste miorou.

De prazê ninguém sussega
Tudo sarta de animado,
Na hora que tu molega,
Os teus dedo no tecrado;
Nosso caboco daqui
Tudo forga, tudo ri,
Ninguém se lembra de praga,
Nem de fome, nem de peste,
Quando escuta no Nordeste
A voz de Luiz Gonzaga.

Caboco do geno forte,
Contigo ninguém se enganá,
Tu é do Sul e é do Norte,
Do palaço e da chupana,
Tu veve provando a raça,
Derne o campo inté a praça,
Na vida de sanfonêro
É grande rei soberano
Moreno pernambucano
Que sabe sê brasilêro.

O BICHO MAIS FEROZ
SÁTIRA IMPERDOÁVEL

O dia amanheceu, era verão,
A tomar seu café lá no fogão
O seu Tonho dizia para Solidade,
O sonho muitas vezes é realidade.
E esta noite eu sonhei quando dormia
Que um cachorro na roça me mordia,
Por aqui hoje o dia vou passar
E não vou para a roça trabalhar.

— Respondeu Solidade, isto é besteira
O sonho não é coisa verdadeira,
E se o bicho morder você se atrasa
Tanto faz lá na roça como na casa,
O melhor é você não pensar nisso
E ir pra roça cuidar do seu serviço.

O seu Tonho saiu dando cavacos
Com o seu cavador cavar buracos,
Felizmente o coitado não foi só
Pois o filho o seguiu no mocotó.

No primeiro buraco que cavou
Para ele o perigo não chegou,
Porém quando passou para o segundo,
Viu estrelas brilhando no outro mundo,
Uma feia raposa sem respeito
Agarrou-lhe na mão de certo jeito
E rosnando raivosa arrepiada
Com os dentes lhe dava safanada,
O coitado sozinho a pelejar
E a raposa filada sem soltar.

Sem poder defender-se do perigo
O seu Tonho a gemer disse consigo
Bicho doido dos diabos tu me pagas
E gritou pelo filho: venha, Chagas,
Venha logo depressa em meu socorro
Que estou preso nos dentes de um cachorro,
Quando Chagas ouviu disse de lá:
Vou fazer um cigarro e chego lá
E fazendo o cigarro de repente
Foi provar que é um filho obediente.

Chagas vendo a raposa foi dizendo:
Pra seu Tonho poder ficar sabendo,
Ou papai, me desculpe, por bondade,
O senhor tem sessenta anos de idade
E por fora daqui já tem andado
Pois já foi passeas em outro estado
No roçado um só dia nunca falha
E se em casa tiver também trabalha
Torce corda, faz peia de capricho
Faz cabresto e faz mais alguma coisa
E ainda não conhece uma raposa?
Eu lhe digo e o senhô sei que combina,
Isso aí é raposa até na China.

O seu Tonho já quase esmorecido
Respondeu para o filho, aborrecido.
— Ou raposa ou cachorro ou qualquer raça.
Por favor mate logo essa desgraça.
Foi que o Chagas cortando um grosso pau
Acabou com aquele bicho mau.

Não podendo o ferido ter demora
Para a casa voltou na mesma hora
E achando que a vida estava em risco
Foi chegando com ar de São Francisco.

E dizendo pra sua boa esposa:
Veja aqui o que fez uma raposa,
Solidade ficou bastante aflita
Porém como em Jesus muito acredita,
Respondeu: — Você inda foi feliz
Se a raposa mordeu, porque Deus quis
E se fosse na casa também vinha,
Lhe mordia e levava uma galinha.

Tudo aquilo seu Tonho ouviu calado
Disfarçando que estava conformado
A Tosinha, a Canginha, a Margarida,
Reparando o xaboque da mordida
Aplicaram remédio bem ligeiro
E foram dá risada no terreiro.

E seu Tonho no seu comportamento
Passou dias fazendo tratamento,
Desfrutando café, cigarro e bóia
Paciente de braço na tipóia
E o Chagas por causa do acidente
Passou dias folgado, bem contente,
Pois quando ia pra roça era sozinha,
Muitas vezes voltava do caminho.

Felizmente, o seu Tonho está curado,
Porém nunca deixou de ter cuidado
E ele até com razão fez uma jura
Não tirar sua faca da cintura,
Outro dia com o Souza conversando
Em diversos assuntos e falando
Sobre os bichos ferozes do país
Ele disse mostrando a cicatriz:
— Pode crer meu prezado amigo Souza
Não há um tão feroz como a raposa.

Eu e o Padre Nonato

Meu caro Padre Nonato
Eu nestes versos relato
Uma prova verdadeira
Da nossa grande coragem
Fazendo aquela viagem
A Lavras da Mangabeira.

Quando o convite me fez
Eu senti por minha vez
Que o tom de suas palavras
Me deu prazer estupendo
E fui com o Reverendo
Até São José de Lavras.

Seu jipe velho coitado!
Todo desparafusado
Deu voltas de bicicleta,
Corria muito veloz
Sempre conduzindo nós
Um vigário e um poeta.

O poeta diminutivo
E o vigário aumentativo
Pegado na direção,
Quem reparava dizia
Que o transporte conduzia
Um gigante e um anão.

Você muito corajoso
E eu um tanto nervoso
Que às vezes não percebia
Devido a marcha apressada
Sua palestra animada
Cheia de filosofia.

Eu muitas vezes pensava
Que aquele jipe rodava
Com asas de passarinho
E nós dois, Padre Nonato
Às vezes dentro do mato
E outras vezes no caminho.

Cheios de esperança e fé
Chegamos em São José
Graças a Deus, felizmente,
Onde fomos recebidos
Recebidos e acolhidos
Por sua querida gente.

Com algumas companhias
O Doutor Francisco Dias
Bendizia o belo mês
Em que por Deus protegido
Sua esposa tinha sido
Mãe pela primeira vez.

Que bela reunião
E que doce animação,
Patativa do Assaré,
O Reverendo Nonato
Gente da praça e do mato
E haja festa em São José.

Na casa de Franciscunha
Desde a varanda à cozinha
Uma entrava e outro saía.
Foi tudo bem misturado.
A festa do batizado
Carne, arroz e poesia.

Não podíamos ficar,
Precisávamos voltar
Da viagem com urgência,
Deixando tanta alegria,
Tanta paz, tanta harmonia,
Lá naquela residência.

Para nossa despedida
Houve gente reunida,
Abraço, beijo e carinho,
Nós voltamos com saudade
E para felicidade
Anoiteceu no caminho.

A lua no céu brilhava
Parecendo até que estava
Muito mais encantadora,
Estendendo pura e franca
A sua toalha branca
Sobre a terra sofredora.

Já era tarde da noite,
O vento um suave açoite
Soprava constantemente
Bafejando com amor
Para esfriar o motor
Do jipe velho doente.
Ouvimos que alguém falava
E baixinho conversava
Como quem conta um segredo,
Era um grupo de cigano
Com as barracas de pano
Sob um frondoso arvoredo.

E você, meu Reverendo,
Foi alegre me dizendo
Depois que o carro parou:
Vamos ouvir um artista
Cantor e violonista
Conhecido por Chator.

Logo uma cigana veio
Naquele grande aperreio
Com o jeito que ela tem
De nos chamar de ganjão,
Leu depressa a sua mão
E leu a minha também.

Falou que em nosso porvir
Ia a gente possuir
Bom dinheiro e muito gado,
Com isso recebeu ela
Uma pequena parcela
Do nosso cobre minguado.

O Chator, nossa atração,
Cantava em seu violão
Com muita sonoridade.
Com bom ritmo e com estilo.
Aumentando com aquilo
A nossa felicidade.

Foi grande a nossa surpresa
Ante a beleza e a riqueza
Na mente de um ser humano,
Cá nos julgamentos meus
Eu via as graças de Deus
Na voz daquele cigano.

Foi alegria completa
Para um padre e um poeta
Amigos da poesia,
Enquanto o Chator cantava
A lua no céu brilhava
E a Natureza sorria.

Naquela simplicidade
Estava a realidade,
Só conhecem o porquê
Do prazer que ele nos deu
Um poeta como eu
E um padre como você.

Muito além da prata e do ouro
Estava ali um tesouro
Num quadro de singeleza,
O grande milionário
Egoísta e usurário
Não conhece o que é riqueza.

Ao terminar este assunto,
Padre Nonato, eu pergunto:
Cadê o cigano Chator
Com o seu dom soberano
Aquel humilde cigano
Se morreu já se salvou.
Responda meu confessor
Aonde está o condutor
Daquela simples equipe
O Chator onde andará?
E também onde estará
A sucata do seu jipe?

Castigo do Mucuim

1

Bom dia compade Chico,
Como você tem vivido?
Eu às vez pensando fico
Que você anda escondido,
Pra festa você não vai,
Da sua casa não sai
Só qué trabaiá e drumi,
Meu compade Chico, a gente
Pro mode vivê contente
É preciso divirti.

2

Isto eu lhe digo e garanto,
Não viva desta manêra
Escondido lá num canto
Como bode com bichêra,
Compade a gente trabaia,
Trabaia que se escangaia
Na roça de só a só,
Mas pra disinfastiá
É preciso freqüentá
De quando em vez um forró.

3

A maió felicidade
Tá na comunicação
Sincera sem farcidade
Na mais prefeita união,
Brincá sem arranjá briga
Deus ajuda, não castiga,
Divirti não é pecado;
Compade você se arrasa
Só do roçado pra casa
E da casa pro roçado.

4

Ah! Meu compade Mané,
Com esta minha estatura
Você sabe como é,
Todo mundo me censura,
Eu sei que neste sertão
Nunca farta diversão
Mas delas não me aproximo
Pruquê bastante me acanho
De andá com o meu tamanho
De um metro e vinte centimo.

5

Pode crê como é verdade
O meu disgosto é compreto
Esta farça humanidade
Não deixa ninguém tá queto
E nem da gente tem dó,
Fui outro dia um forró
Na casa de Zé Davi
E vi quando fui chegando
Arguém dizendo e mangando:
Ói o anão do Brasi!

6

Não posso tá prazentêro
Em uma reunião
Com sangue de brasilêro
E o tamanho dum anão,
Se com arguém vou falá
É preciso escangotá,
Fica uma posição feia
E munto me desanima
Tá com a cara pra cima
Que nem caçadô de abeia.

7

— Meu compade Chico, amigo,
Esta sua pequenez
Pra você não é castigo
Cada quá como Deus fez,
Ninguém manga de você,
Eu lhe digo e pode crê,
Lhe juro de consciença,
Não viva nisso pensando,
Se arguém mangá tá mangando
Da Divina Providença.

Eu de você me aproximo
Com amô e com respeito,
Dois metro e vinte centimo,
Mas o juízo é prefeito,
Sua forma não é nula,
Você sarta, você pula,
E é bastante inteligente,
Por um castigo não tome,
Compade você é home,
Compade você é gente.

Cada quá tem seu destino
É um naturá segredo
E nas orde do Divino
Ninguém vai metê o dedo,
Compade, magine e pense,
Que isto tudo a Deus pertence,
Foi Deus quem lhe fez assim;
Pra você se conformá
Vou um inxempro contá
Do atrivido mucuim.

Nas areia duma estrada
Um mucuim vagabundo
Vendendo azeite às canada
Falou de Deus e do mundo:
Dizia ele raivoso:
Vivo munto desgostoso
Não posso tê paciença
Sou pobre diminutivo,
Mode vivê como eu vivo
Não vale a pena a inxistença.

Vejo animá neste mundo
Tão grande que se escangaia
E eu pequenininho imundo
Pedacinho de migaia,
Eu calado não tulero,
Não sei porque foi que dero
Meu nome de mucuim,
Esta mágua me consome,
Seis letras tem o meu nome,
E eu tão pequeno assim.

Fico zangado e condeno
Quando vejo a todo istante
Bicho do nome pequeno
Com um tamanho gigante,
E eu sacudido no pó
Com esta sorte cotó,
O tal enredo ou segredo
Não sei mesmo porque foi,
Só três letras tem o boi
E é grande que causa medo.

Fico raivoso e afobado
Quando reparo o camelo
Com um tamanho alarmado
Sobrando ainda um novelo
E ainda mais o elefante,
De um tamanho extravagante
Que cresceu, cresceu, cresceu,
É o maió de todas raça
E só duas letras passa
Do nome que arguém me deu.

Parece mesmo um capricho,
Eu me envergonho e me acanho,
Uns pedaço destes bicho
Pra botá no meu tamanho
Fazia eu ficá maió,
Pois vejo que sou menó
Do que um grãozinho de areia
Só sabe arguém que eu inxisto
Quando revortado insisto
Mexendo na péia alêia.

Com este grande castigo
Eu não me conformo não,
Foi munto ingrato comigo
O Sinhô da Criação,
Com esta dura sentença
Não posso tê paciença
E nem vivo satisfeito
Vivo cheio de rancô
E vejo que o criadô
Não fez o mundo dereito.

— Nas areia do caminho
Todo cheio de rancô
Tava aquele falerinho
Defamando o criadô
E só não se estribuchava
Pruquê o tamanho não dava
Pra ele se estribuchá,
Mas porém quem faz assim
Como fez o mucuim
Vê seu castigo chegá.

A Divina Majestade
Pra castigá aquele mau
Mandou uma tempestade
Virando cepa de pau,
Disparou um vento forte
Roncando do sul ao norte
Arrastando o pó da estrada
Como quem diz: não caçoi;
E aquele mucuim foi
Batê na taba lascada.

Veja aí, compade Chico,
O castigo, o grande horrô,
Cronta o pequenino tico
Debochando o Criadô,
As graça de Deus é tanta
Que até nas ave que canta
A voz dele nós uvimo,
Deste inxempro não se esqueça
Adore a Deus e agradeça
Seu metro e vinte centimo.

ZÉ LIMEIRA EM CARNE E OSSO

(Ao poeta e jornalista doutor Orlando Tejo)

Nesta vida passageira
Há coisa que muito pasma,
Disse alguém que Zé Limeira
É um poeta fantasma,
É um cantador fictício,
Por isto, com sacrifício
Querendo ser sabedor,
Viajei com paciência
Para saber da existência
Do famoso cantador.

Saí do meu Ceará
Para tirar esse engano,
Parando aqui, acolá,
No mapa paraibano,
Para colher a verdade
Do campo até a cidade
Perguntei ao velho e ao moço
E não dei um passo a esmo,
José Limeira foi mesmo
Um poeta em carne e osso.

O seu improviso tinha
Versos espalhafatosos
Deixando fora da linha
Os cantadores famosos.
Nas rimas da sua lavra
Ele criava palavra
Que dominava a assistência,
E os camponeses que ouviam
Batiam palma e diziam:
Está cantando ciência!

O que ele tinha na mente
Não pode saber ninguém.
Seu mundo era diferente
E a poesia também,
Foi o célebre Limeira
Lá na Serra do Teixeira
Um grande e frondoso arbusto
No embalo da brisa mansa
E hojhe na glória descansa
A sua alma de justo.

Depois que eu tive a certeza,
Com um sentimento nobre
E a mais alegre surpresa,
Com a minha lira pobre
De verbo e de fantasia,
Sem usar de hipocrisia,
Fiz com atenção e amor
E completa consciência
A seguinte referência
Ao seu apresentador.

Quando a doutrina espantânea
Jesus andou a pregar,
Lá nas terras da Betânea
Fez Lásaro ressuscitar,
Porém, Jesus é divino,
Admiro é o nordestino
Nesta nação brasileira,
Orlando Tejo, escritor,
Sendo um grande pecador
Ressuscitar Zé Limeira.

O poeta Orlando Tejo
Com sua capacidade
De sertão até ao brejo,
Da praia até a cidade,
Depois de algum vai não vai
Vem não vem e sai e não sai,
Confusão, quase chafurdo,
Sua pena alvissareira
Mostrou quem foi Zé Limeira
O poeta do absurdo.

Só o Orlando este famoso
Poeta gênio liberto,
Que hoje me sinto ditoso
Por conhecê-lo de perto,
Teve o cuidado e a coragem
De guardar esta bagagem
Que mais tarde publicou
Mostrando o vocabulário
Deste cantador lendário
Que a Paraíba criou.

Zé Limeira, este portento
De disparate sem par,
No mundo do esquecimento
Não poderia ficar.
Com improvisos vibrantes
E assuntos extravagantes
Todos lhe queriam bem,
Cantando ao som da viola
Ele criou uma escola
Sem ajuda de ninguém.

Orlando, o pesquisador
De qualidade primeira
Registrou com muito amor
A escola de Zé Limeira,
Tudo ele pôde gravar
Pois não queria deixar
Este tesouro perdido
E hoje eu me sinto contente
Lendo um livro diferente
De todos que eu tenho lido.

E por isto, sempre quando
Vou o livro folhear
Me parece ouvir Orlando
Com Limeira a conversar;
Colega, eu muito agradeço
O presente não me esqueço
De guardá-lo com cuidado,
Você acerta e não erra,
Quem não ama a própria terra
É desnaturalizado.

O Beato Zé Lourenço

Sempre digo, julgo e penso
Que o beato Zé Lourenço
Foi um líder brasileiro
Que fez os mesmos estudos
Do grande herói de Canudos,
Nosso Antônio Conselheiro.

Tiveram o mesmo sonho
De um horizonte risonho
Dentro da mesma intenção,
Criando um sistema novo
Para defender o povo
Da maldita escravidão.

Em Caldeirão trabalhava
E boa assistência dava
A todos os operários,
Com sua boa gente
Lutava pacificamente
Contra os latifundiários.

Naquele tempo passado
Canudos foi derrotado
Sem dó e sem compaixão,
Com a mesma atrocidade
E maior facilidade
Destruíram Caldeirão.

Por ordem dos militares
Avião cruzou os ares
Com raiva, ódio e com guerra.
Na grande carnificina
Contra a justiça divina
O sangue molhou a terra.

Porém, por vários caminhos,
Pisando sobre os espinhos,
Com um sacrifício imenso,
Seguindo o mesmo roteiro
Sempre haverá Conselheiro
E Beato Zé Lourenço.

(Composta para o filme "O Caldeirão da Santa Cruz do Deserto", de Rosemberg Cariry)

A VERDADE E A MENTIRA

Foi a verdade e a mentira
Nascida no mesmo dia,
A verdade, no chão duro
Porque nada possuía
E a mentira por ser rica
Nasceu na cama macia
E por causa disto mesmo
Criou logo antipatia,
Não gostava da verdade,
Temendo a sua energia,
Pois onde a mentira fosse
A verdade também ia
O que a mentira apoiava
A verdade não queria
Oque a mentira formava
A veldade desfazia
O segredo da mentira
A verdade descobria,
E a mentira esmorecendo
Vendo que não resistia
Chamou depressa o dinhêro
Para sua companhia,
Levou o dinhêro com ele
A inveja, a hipocrisia,
A ambição, a calúnia,
O orgulho, o crime e a ironia,
A soberba e a vaidade

Que são da mesma famia
E fizero um tal fofó
Um ingôdo, uma ingrizia
Que a verdade pelejava
Pra desmanchá e não podia
E a mentira aposentou-se
Com esta grande quadria.

Depois, casou-se o dinhêro
Com sua prima anarquia
E com quatro ou cinco mês
Dela nasceu uma fia,
Caçaro logo os padrinho
Mas no mundo não havia
Satanaz com a mãe dele
Lhe apresentaro na pia
E com todo atrevimento
Com toda demagogia
Caçaro um nome bonito
Na sua infernal cartia
E dissero: essa menina
Se chama democracia,
Tudo se danou de quente
E a verdade ficou fria

A REALIDADE DA VIDA

Na minha infança adorada
Meu avô sempre contava
Muntas historia engraçada
E de todas eu gostava,
Mas uma delas havia
Com maió filosofia
E eu como poeta sou
E só rimando converso,
Vou aqui conta em verso
O que ele em prosa contou.

Rico, orguioso, profano,
Rifrita no bem comum
Veja os direitos humano
As razão de cada um,
Da nossa vida terrena
Desta vida tão pequena
A beleza não destrua,
O dereito do banquêro
É o direito do trapêro
Que apanha os trapo na rua.

Pra que vaidade e orguio?
Pra que tanto confusão
Guerra, questão e baruio
Dos irmão contra os irmão?
Pra que tanto preconceito
Vivê assim deste jeito
Esta inxistença é perdida
Vou um inxempro contá
E nestes versos mostrá
A realidade da vida.

Quando Deus nosso sinhô
Foi fazê seus animá
Fez o burro e lhe falou:
— Tua sentença eu vou dá,
Tu tem que sê escravizado
Levando os costá pesado
Conforme o teu dono quêra
E sujeito a toda hora
Aos fino dente da espora
Mais a brida e a cortadêra.

Tu tem que a vida passá
Com esta dura sentença
E por isto eu vou te dá
Uma pequena inxistença,
Já que em tuas carne tora
Brida, cortadêra, espora,
E é digno de piedade
E crué teu padicê
Para tanto não sofrê
Te dou trinta ano de idade.

O burro ergueu as ureia
E ficou a lamentá
Meu Deus ô sentença feia
Esta que o Sinhô me dá,
Levando os costá pesado
E de espora cutucado
Trinta ano quem é que agüenta?
E mais outras coisa lôca;
A brida na minha boca
E a cortadêra na venta.

Vivê trinta ano de idade
Deste jeito é um castigo,
É grande a prevessidade
Que o meu dono faz comigo
E além desse escangaio
Me bota mais um chucaio
Que é pra quando eu me sortá
De longe ele uvi o tom;
Dez ano pra mim tá bom,
Tenha dó de meu pená!

A Divina Majestade
Fez o que o burro queria
Dando os dez ano de idade
Da forma que ele pedia
Mode segui seu destino
E o nosso artista divino
A quem pode se chamá
De artista santo e prefeito
Continuou sastisfeito
Fazendo mais animá.

Fez o cachorro e ordenou
Tu vai trabaiá bastante,
Do dono e superiô
Será guarda vigilante.
Tem que a ele acompanhá
Fazendo o que ele mandá
Nas arriscada aventura,
Até fazendo caçada
Dentro da mata fechada
Nas treva da noite escura.

Tu tem que sê sentinela
Da morada do teu dono
Para nunca ficá ele
No perigo e no abandono,
Tem que sê amigo exato
Na casa e também no mato
Mesmo com dificurdade
Subindo e descendo morro;
Teu nome é sempre cachorro
E vinte ano é tua idade.

Quando o cachorro escutou
Aquela declaração
Disse bem triste: Senhô
Tenha de mim compaixão!
Eu desgraço meu focinho
Entre pedra, toco e espinho
Pelo mato a farejá
Ficando sujeito até
A presa de cascavé
E unha de tamanduá.

Vinte ano neste serviço
Sei que não posso agüentá
É grande o meu sacrifiço
Não posso nem descansá
Sendo da casa o vigia
Trabaiando noite e dia
Neste grande labacé,
Tenha de mim piedade,
Dos vinte eu quero a metade
E os dez dê a quem quisé.

O cachorro se alegrou
E ficou munto feliz
Pruquê o Senhô concordou
Da manêra que ele quis,
Ficou bastante contente
E o Deus Pai Onipotente
Fez o macaco em seguida
E depois da expricação
Qual a sua obrigação
Lhe deu trinta ano de vida.

E lhe disse: — O teu trabaio
É sempre fazê careta
Pulando de gaio em gaio
Com as maió pirueta,
Tu tem que sê buliçoso
Fazendo malicioso
Careta pra todo lado
Pulando, sempre pulando
Muntas vez até ficando
Pela cauda pendurado.

O macaco uviu afrito
E ficou cheio de espanto
Deu três pulo e deu três grito
Se coçou por todo canto
E disse: —— Ô que sorte preta.
Pulando e a fazê carêta
Trinta ano, assim eu me acabo,
Senhô, será que eu caio
Lá da pontinha do gaio
Pendurado pelo rabo.

É bem triste a minha sina,
Trinta ano de cambaiota
Com esta cintura fina,
A minha força se esgota,
Ô Divina Majestade
Me discurpe esta verdade,
Mas vejo que é um capricho
A idade que Deus me deu
Tire dez anos dos meus
Pra idade doutro bicho.

Deus concordou e ele disse:
Já saí do aperreio
Fez diversas macaquice
Deu dez pinotes e meio
Agradecendo ao Senhô
E o Divino Criadô
Com o seu sabê profundo
Lhe dando o esboço e o nome
Num momento fez o home
E ao mesmo entregou o mundo.

E lhe disse: Esta riqueza
É para tu governá
Toda esta imensa grandeza
O espaço, a terra e o má,
Vou te dá inteligença
Mode tratá da ciença,
Mas com a tua noção
Use do grau de iguardade
Não faça prevessidade
Não pressiga teu irmão.

Nunca deixe te iludi
Com ôro, prata e briante,
O que não quisé pra ti
Não dê ao teu simiante,
Vivendo nesta atitude
Será o dono da virtude
Que é um dom da providença,
Para bem feliz vivê
E tudo isto resorvê
Trinta ano é tua inxistença.

O home inchou de vaidade
E com egoirmo lôco
Gritou logo: Majestade
Trinta ano pra mim é pôco,
Vinte ano, o burro injeitou
Me dá para mim Senhô
Mode eu pudê sê feliz,
Dez o cachorro não quis
Me dá que eu faço sessenta
E ainda mais me destaco
E quero os dez do macaco
Mode eu compretá setenta.

O nosso Pai Soberano
Atendeu o pedido seu:
Vive o home até trinta ano
A idade que Deus lhe deu
De trinta até os cinqüenta
A sua tarefa aumenta
Veve cheio de cancêra
De famia carregado
Levando os costá pesado
E é burro nem que não quêra.

De cinqüenta até sessenta
Já não pode mandá brasa.
Aqui e aculá se assenta
Botando sentido a casa,
Pruquê já força não tem,
Veve neste vai e vem
Do cargo que ele assumiu
Se encronta liberto e forro
Tá na vida do cachorro
Que ele mesmo a Deus pediu.

De sessenta até setenta
Já com a cara enrusgada,
Constantemente freqüenta
Os prédio da fiarada
Fazendo graça e carinho
Para turma de netinho,
Beija neto e abraça neto
Sentado mesmo no chão
E naquela arrumação
É um macaco compreto.

Rico, orguioso, profano,
Rifrita no bem comum
Veja os dereitos humano
A razão de cada um
Em vez de fraternidade
Praque tanta vaidade
Orguioso inchendo o saco?
Este inxempro tá dizendo
Que os home termina sendo
Burro, cachorro e macaco.

O ALCO E A GASOLINA

Neste mundo de pecado
Ninguém qué vivê sozinho
Quem viaja acompanhado
Incurta mais o caminho
Tudo que no mundo existe
Se achando sozinho é triste.
O alco vivia só
Sem ninguém lhe querê bem
E a gasolina também
Vivia no caritó.

Alco tanto sofreu
Sua dura e triste sina
Até que um dia ofreceu
Seu amô à gasolina
Perguntou se ela queria
Ele em sua companhia,
Pois andava aperriado
Era grande o padecê
Não podia mais vivê
Sem companhêra ao seu lado.

Disse ela: dou-lhe a resposta
Mas fazendo uma proposta
Sei que de mim você gosta
E eu não lhe acho tão feio
Porém eu sou moça fina,
Sou a prenda gasolina
Bem recatada, granfina
E gosto muito de asseio.

Se você não é nojento
É grande o contentamento
E tarvez meu sofrimento
Da solidão eu arranque,
Nós não vamo nem casá
Do jeito que o mundo tá
Nós dois vamo é se juntá
E morá dentro do tanque.

Se quisé me acompanhá,
No tanque vamo morá
E os apusento zelá
Com carinho e com amô,
Porém lhe dou um conseio
Não vá fazê papé feio
Quero limpeza e asseio
Dentro do carboradô.

Se o meu amô armeja
E andá comigo deseja,
É necessário que seja
Limpo, zeladô e esperto,
Precisa se controlá,
Veja que eu sou minerá
E você é vegetá,
Será que isto vai dá certo?

Disse o alco: meu benzinho
Eu não quero é tá sozinho
Pra gozá do teu carinho
Todo sacrifiço faço.
Na nossa nova aliança
Disponha de confiança
Com a minha substança
Eu subo até no espaço.

Quero é sê feliz agora
Morá onde você mora
Andá pelo mundo afora
E a minha vida gozá.
Entre nós não há desorde
Basta que você concorde
Nós se junta com as orde
Da senhora Petrobá.

Tudo o alco prometia
Queria porque queria
Na Petrobá neste dia
Houve uma festa danada,
A Petrobá ordenou
Um ao outro se entregou
E o querosene chorou
Vendo a parenta amigada.

Porém depois de algum dia
Começou grande narquia,
O que o alco prometia
Sem sentimento negou,
Fez uma ação traiçoêra
Com a sua companhêra
Fazendo a maió sujêra
Dentro do carboradô.

Fez o alco uma ruína,
Prometeu à gasolina
Que seguia a diciprina
Mas não quis lhe obedecê,
Como o cabra embriagado
Descuidado e deslêxado,
Dêxava tudo melado,
Agúia, bóia e giclê.

A gasolina falava
E a ele aconseiava,
Mas o alco não ligava,
Inchia o saco a zombá
Lhe respondendo, eu não ligo,
Se achá que vivê comigo
Tá sendo grande castigo
Se quêxe da Petrobá.

E assim ele permanece
No carro a tudo aborrece,
Se a gasolina padece
O chofé também se atrasa
Hoje o alco veve assim
Do jeito do cabra ruim
Que bebe no butiquim
E vai vomitá na casa.

AOS IRMÃOS ANICETO

Vocês, irmão Aniceto,
Com a banda cabaçá
É um conjunto compreto
Que faz tudo se alegrá.
Com este turututu
Já andaro pelo Sul
E foro apoiado lá,
Também já foro apraudido
E munto bem recebido
No Distrito Federá.

De prazê tudo parpita
Quando vocês toca e dança
Eu sinto que ressuscita
O meu tempo de criança,
Nesta idade prazentêra
Na festa da Padroêra
Havia no meu lugá
Um parrapapá sodoso,
Atraente e milagroso
De uma banda cabaçá.

Quando escuto sastisfeito
Os Aniceto tocando
Sinto dentro do meu peito
O coração balançando,
Balançando de sodade
Daquela felicidade
Que eu vi desaparecer,
Para quem sabe jurgá
É gostoso rescordá
Aquilo que dá prazê.

Destas coisa populá
Que a gente preza e qué bem
Uma das mais principá
De todas que o Crato tem,
Com grande capacidade
Que merece de verdade
Proteção, amô e afeto
É a bela inzecução
Dos três artistas irmão
De sobrenome Aniceto.

O prazê não é pequeno
Quando tá mandando brasa
Esta turma de moreno
Que pertence à mesma casa,
O trancilim é dançá
Gingando daqui pra lá,
Outro vem de lá praqui;
É um trancilim compreto;
Viva os irmão Aniceto
Gulora do Cariri.

BROSOGÓ, MILITÃO E O DIABO

O melhor da nossa vida
É paz, amor e união,
E em cada semelhante
A gente vê um irmão
E apresentar para todos
O papel de gratidão.

Quem fez um grande favor,
Mesmo desinteressado,
Por onde quer que ele ande
Leva um tesouro guardado
E um dia sem esperar
Será bem recompensado.

A gratidão é virtude
Do mais sublime valor,
Neste singelo folheto
Eu vou mostrar ao leitor
Que até o diabo agradece
A quem lhe faz um favor.

Em um dos nossos Estados
Do Nordeste brasileiro
Nasceu Chico Brosogó,
Era ele um miçangueiro
Que é o mesmo camelô
Lá no Rio de Janeiro.

O Brosogó era ingênuo,
Não tinha filosofia
Mas tinha de honestidade
A maior sabedoria
Sempre vendendo ambulante
A sua mercadoria.

Em uma destas viagens,
Numa certa região
Foi vender mercadoria
Na famosa habitação,
De um fazendeiro malvado
Por nome de Militão.

O ricaço Militão
Vivia a questionar,
Toda sorte de trapaça
Era capaz de inventar,
Vendo assim desta maneira
Sua riqueza aumentar.

Brosogó naquele prédio
Não apurou um tostão.
E como na mesma casa
Não lhe ofereceram pão
Comprou meia dúzia de ovos
Para sua refeição

Quando a meia dúzia de ovos
O Brosogó foi pagar
Faltou dinheiro miúdo
Para a paga efetuar
E ele entregou uma nota
Para o Militão trocar.
O rico disse: eu não troco,
Vá com a mercadoria,
Qualquer tempo você vem
Me pagar esta quantia,
Mas peço que seja exato
E aqui me apareça um dia.

Brosogó agradeceu
E achou o papel importante,
Sem saber que o Militão
Estava naquele instante
Semeando uma semente
Para colher mais adiante.

Voltou muito satisfeito
Na sua vida pensando,
Sempre arranjando fregueses
No lugar que ia passando,
Vendo sua boa sorte
Melhorar de quando em quando.

Brosogó no seu comércio
Tinha bons conhecimentos,
Possuía com os lucros
Daqueles seus movimentos,
Além de casa e terrenos
Meia dúzia de jumentos.

De ano em ano ele fazia
Naquele seu patrimônio
Festejo religioso
No dia de Santo Antônio
Por ser o aniversário
Do seu feliz matrimônio.

No festejo oferecia
Vela para São João,
Santo Ambrósio, Santo Antônio,
São Cosmo e São Damião,
Para ele qualquer santo
Dava a mesma proteção.

Vela para Santa Inês
E para Santa Luzia,
São Jorge e São Benedito,
São José e Santa Maria,
Até que chegava a última
Das velas que possuía.

Um certo dia voltando
Aquele bom sertanejo
Da viagem lucrativa,
Com muito amor e desejo
Trouxe uma carga de velas
Para queimar no festejo.

A casa naquela noite
Estava um belíssimo encanto,
Se viam velas acesas
Brilhando por todo canto
Porém sobraram três velas
Por faltar nome de santo.

Era linda a luminária
O quadro resplandecente
E o caboclo Brosogó
Procurava impaciente
Mas nem um nome de santo
Chega na sua mente.

Disse consigo: o diabo
Merece vela também,
Se ele nunca me tentou
Para ofender a ninguém
Com certeza me respeita.
Está me fazendo o bem.

Se eu fui um menino bom,
Fui também um bom rapaz
E hoje sou pai de família
Gozando da mesma paz,
Vou queimar estas três velas
Em tenção do satanaz.

Tudo aquilo Brosogó
Fez com naturalidade,
Como o justo que apresenta
Amor e fraternidade
E as virtudes preciosas
De um coração sem maldade.

Certo dia ele fazendo
Severa reflexão,
Um exame rigoroso
Sobre a sua obrigação,
Lhe veio na mente os ovos
Que devia ao Militão.

Viajou muito apressado
No seu jumento baixeiro
Sempre atravessando rio
E transpondo taboleiro,
Chegou no segundo dia
Na casa do trapaceiro.
Foi chegando e desmontando
E logo que deu bom dia
Falou para o coronel
Com bastante cortesia:
Venho aqui pagar os ovos
Que fiquei devendo um dia.

O Militão muito sério
Falou para o Brosogó:
Para pagar esta dívida
Você vai ficar no pó,
Mesmo que tenha recurso
Fica pobre como Jó.

Me preste bem atenção
E ouça bem as razões minhas:
Aqueles ovos no chôco
Iam tirar seis pintinhas,
Mais tarde as mesmas seriam
Meia dúzia de galinhas.

As seis galinha botando
Veja a soma o quanto dá
São quatrocentos e oitenta,
Ninguém me reprovará,
Galinha aqui faz postura
De oitenta ovos pra lá.

Preste atenção Brosogó,
Sei que você não censura,
Veja que grande vantagem.
Veja que grande fartura
E veja o meu resultado
Só na primeira postura.
Dos quatrocentos e oitenta
Podia a gente tirar
Dos mesmos cento e cinqüenta
Para no chôco aplicar,
Pois basta só vinte e cinco
Que é pra o ovo não gorar.

Os trezentos e cinqüenta
Que era a sobra eu vendia
Depressa sem ter demora,
Por uma boa quantia,
Aqui, procurando ovos
Temos grande freguesia.

Dos cento e cinqüenta ovos,
Sairiam com despacho
Cento e cinqüenta pintinhas
Pois tenho certeza e acho
Que aqui no nosso terreiro
Não se cria pinto macho.

Também não há prejuízo
Posso falar pra você
Que maracajá e raposa
Aqui a gente não vê
Também não há cobra preta,
Gavião nem saruê.

Aqui de certas moléstias
A galinha nunca morre
Porque logo a medicina
Com urgência se recorre
Se o gôgo se manifesta
A empregada socorre.

Veja bem, seu Brosogó
O quanto eu posso ganhar
Em um ano e sete meses
Que passou sem me pagar,
A conta é de tal maneira
Que eu mesmo não sei somar.

Vou chamar um matemático
Pra fazer o orçamento,
Embora você não faça
De uma vez o pagamento,
Mesmo com mercadoria,
Terreno, casa e jumento.

Porém tenha paciência,
Não precisa se queixar,
Você acaba o que tem,
Mas vem comigo morar
E aqui, parceladamente,
Acaba de me pagar.

E se achar que estou falando
Contra sua natureza,
Procure um advogado,
Pra fazer sua defesa,
Que o meu já tenho e conto
A vitória com certeza.

Meu advogado é
Um doutor de posição
Pertence a minha política
E nunca perdeu questão
E é candidato a prefeito
Para a futura eleição.

O coronel Militão
Com orgulho e petulância
Deixou o pobre Brosogó
Na mais dura circunstância,
Aproveitando do mesmo
Sua grande ignorância.

Quinze dias foi o prazo
Para o Brosogó voltar
Presente ao advogado
Um documento assinar
E tudo que possuía
Ao Militão entregar.

O pobre voltou bem triste
Pensando, a dizer consigo:
Eu durante a minha vida
Sempre fui um grande amigo,
Qual será o meu pecado
Para tão grande castigo!

Quando ia pensando assim
Avistou um cavaleiro
Bem montado e bem trajado
Na sombra de um juazeiro,
O qual com modos fraternos
Pergunto ao miçangueiro!

Que grande tristeza é esta!
Que você tem Brosogó?
O seu semblante apresenta
Aflição, pesar e dó,
Eu estou ao seu dispor,
Você não sofrerá só.

Brosogó lhe contou tudo
E disse por sua vez
Que o coronel Militão
O trato com ele fez
Para as dez horas do dia
Na data quinze do mês.

E disse o desconhecido:
Não tenha má impressão,
No dia quinze eu irei
Resolver esta questão
Lhe defender da trapaça
Do ricaço Militão.

Brosogó foi para casa
Alegre sem timidez,
O que o homem lhe pediu
Ele satisfeito fez
E foi cumprir o seu trato
No dia quinze do mês.

Quando chegou encontrou
Todo povo aglomerado
Ele entrando deu bom dia
E falou bem animado
Dizendo que também tinha
Arranjado um advogado.

Marcou o relógio dez horas

E sem o doutor chegar
Brosogó entristeceu
Silencioso a pensar
E o povo do Militão
Do coitado a criticar.
Os puxa-sacos do rico,
Com ares de mangação
Diziam ao miçangueiro
Vai-se arrasar na questão
Brosogó vai pagar caro
Os ovos do Militão.

Estavam pilheriando
Quando se ouviu um tropel,
Era um senhor elegante
Montado no seu corcel
Exibindo em um dos dedos
O anel de bacharel.

Chegando disse aos ouvintes:
Fui no trato interrompido
Para cozinhar feijão
Porque muito tem chovido
E o meu pai em seu roçado
Só planta feijão cozido.

Antes que o desconhecido
Com razão se desculpasse,
Gritou o outro advogado:
Não desonre a nossa classe
Com essa grande mentira!
Feijão cozido não nasce.

Respondeu o cavaleiro:
Esta mentira eu compus
Para fazer a defesa
É ela um foco de luz
Porque o ovo cozinhado
Sabemos que não produz.

Assim que o desconhecido
Fez esta declaração,
Houve um grande silêncio na sala,
Foi grande a decepção
Para o povo da política
Do coronel Militão.

Onde a verdade aparece
A mentora é destruída,
Foi assim desta maneira
Que a questão foi resolvida
E o candidato político
Ficou de crista caída.

Mentira contra mentira
Na reunião se deu
E foi por este motivo
Que a verdade apareceu,
Somente o preço dos ovos
O Militão recebeu.

Brosogó agradecendo
O favor que recebia,
Respondeu o cavaleiro,
Era eu quem lhe devia
O valor daquelas velas
Que me ofereceu um dia.

Eu sou o diabo a quem todos
Chamam de monstro ruim.
E só você neste mundo
Teve a bondade sem fim
De um dia queimar três velas
Oferecidas a mim.
Quando disse estas palavras
No mesmo instante saiu
Adiante deu um pipoco
E pelo espaço sumiu
Porém pipoco baixinho
Que o Brosogó não ouviu.

Caro leitor nesta estrofe
Não queira zombar de mim,
Ninguém ouviu o estouro
Mas juro que foi assim
Pois toda história do diabo
Tem um pipoco no fim.

Sertanejo, este folheto
Eu quero lhe oferecer,
Leia o mesmo com cuidado
E saiba compreender,
Encerra muita mentira
Mas tem muito o que aprender.

Bom leitor tenha cuidado,
Vivem ainda entre nós
Milhares de Militões
Com instinto feroz
Com trapaças e mentiras
Perseguindo os Brosogós.

Rogando praga

Dizia o velho Agostinho
Que este mundo é cheio de arte
E se encontra em toda parte
Pedaço de mau caminho
Um pessoal meu vizinho,
Sem amor e sem moral,
Atrás de fazer o mal,
Para feijão cozinhar,
Começaram a roubar
As varas do meu quintal.

Toda noite e todo dia
Iam as varas roubando
E eu já não suportando
Aquela grande anarquia
Pois quem era eu não sabia
Pra poder denunciar,
Com aquele grande azar
Vivia de saco cheio,
Até que inventei um meio
Pra do roubo me livrar.

Eu dei a cada freguês
Com humildade, o perdão,
E lancei a maldição
Em quem roubasse outra vez
E com muita atividez
Na minha pena peguei,
Umas estrofes e rimei
Sobre as linhas de uns papéis
Rogando pragas cruéis
E lá na cerca botei.

Deus permita que o safado,
Sem vergonha, ignorante,
Que roubar de agora em diante
Madeira no meu cercado,
Se veja um dia atacado
Com um cancro no toitiço,
Toda espécie de feitiço
Em cima do mesmo caia
E em cada dedo lhe saia
Um olho de panariço.

O santo Deus de Moisés
Lhe mande bexiga rôxa,
Saia carbúnculo na côxa,
Cravo na sola dos pés,
Entre os incômodos cruéis
Da doença hidrofobia
Iterícia e anemia,
Tuberculose e diarréia
E a lepra da morféia
Seja a sua companhia.

Deus lhe dê o reumatismo
Com a sinusite crônica,
A sezão, o impaludismo
E os ataques da bubônica,
Além de quatro picadas
De quatro cobras danadas
Cada qual a mais cruel
E de veneno fatal
A urutu, a coral,
Jararaca e cascavel.

Eu já perdoei bastante
Os que puderam roubar,
Para ninguém censurar
Que sou muito extravagante
Mas de agora por diante,
Ninguém será perdoado,
Deus queira que um cão danado
Um dia morda na cara
De quem roubar uma vara
Na cerca do meu cercado.

E o que não ouvir o rogo
Que faço neste momento
Tomara que tenha aumento
Como correia no fogo,
Dinheiro em mesa de jogo
E cana no tabuleiro
E no dia derradeiro
A vela pra sua mão,
Seja um pequeno tição
De vara de marmeleiro.

MÃE DE VERDADE

Boa noite, amigo Jacó,
Eu não lhe disse que vinha?
— Boa noite! Veio só?
Proquê não trôxe Zefinha?
— Zefinha não veio não
Ficou mamentando o João.
Gordo que tá um cartuxo,
O menino tá dum jeito
Que quando agarra no peito
Só larga quando enche o bucho.

Migué, tudo isto é o amô,
O que ela faz com o João
Não tá fazendo favô,
É a sua obrigação,
Mãe qué não dá de mamá,
Não que bem, não sabe amá
Nem merece confiança,
Faz o papé de ladrona,
Proquê dos peito ela é dona
Mas o leite é da criança.

Depois do fio nascê
O leite que os peito têm
Pertence todo ao bebê
É dele e de mais ninguém,
Toda mãe que não mamenta
Prá mim nada representa
Pois comete um grande erro
É disamorosa e fraca,
Eu comparo com vaca
Quando ela enjeita o bizerro.

Você sabe que Zabé
Já é mãe de quatro fio,
Tudo mamou e tudo é
Gordo, ribusto e sadio,
Este que ali vai passando
Correndo alegre e brincando,
Ainda não quis dexá,
Tem três ano este Luiz
E ainda pedindo diz:
— Mamãe, eu quero mamá.

E Zabé ali demora
E adulando e lhe bejando
Bota os seus peito prá fora
E o Luiz fica mamentando,
Mama num, noutro depois,
O certo é que em todos dois
Mama o tanto que ele qué,
O tanto que tem vontade,
Esta é que é mãe de verdade,
Esta sabe sê muié.

Mas há tantas por aí
Ingrata e sem piedade
Só aprendeu produzi.
Mas não é mãe de verdade.
Mãe de verdade é aquela
Que bêja, mamenta e zela
O seu fiinho bonito
E depois do nascimento
O mais mió alimento
Como o dotô já tem dito.

Por doença ou por defeito
Há mãe que, pobre coitada,
Não cria leite nos peito,
Esta já tá perdoada
Esta não pode, é doente
Cria sei fio inocente
Com este leite que vem
Impacotado nas lata
Uma coisa feia e chata
Que eu não sei que gosto tem.

— Jacó tudo isto é ixato,
Você disse uma verdade,
As nossa muié dos mato
Não é como as da cidade,
Às nossa muié dos mato
Às vez veve no matrato
Magra iguá uma rabeca,
No fejão e no muncunzá
Mas dêxa o fio mamá
Até quando o leite seca.

E as muié lá da cidade,
Não digo com todas não,
Mas porém mais da metade
Não faz esta obrigação,
Não faz do fio o disejo,
Come carne, arroz e queijo,
Tem corpo gordo e sadio
E às vez com cada peitão
Que parece dois mamão,
Mas nega leite ao seu fio.

Isto é cronta a Natureza,
Cronta a lei do Criadô,
Eu tenho prena certeza
Que o Menino Deus mamou
Na Santa Mãe potretora
E agora estas pecadora
Não qué o inxempro tomá
E tem delas que até caça
Remédio pelas farmaça
Pro mode o leite secá.

Sê mãe é um grande brio,
Sê mãe é coisa subrime,
Mas pra negá leite ao fio
Sê mãe é um grande crime,
Às vez o bebê na cama
Chorando o peito recrama
E ela não liga o coitado,
A mãe que faz deste jeito
Devia nascê sem peito
Ô com os peito alejado.

— Colega vamo dexá
Nós já conversemo munto
Pode arguém inguinorá
Não gostá do nosso assunto
E depois andá contando
Que quem tava assim falando
Era o Jacó e o Migué,
Vamo dexá, meu colega,
A tesoura já tá cega
De tanto cortá muié.

— Jacó, se língua é tesoura,
Cortemo sem dizê pêta,
Cortemo péia de lôra,
De morena, branca e preta,
Nós ataquemo as muié
Seja de lugá quarqué,
Do Brasi até a Russa,
Seja feia ou seja bela,
Mas só ataquemo aquela
Que lhe assenta a carapuça.

Eu e a pitombêra

Aqui dentro do meu peito
O meu coração idoso
Tá sendo do mesmo jeito
Do relojo priguiçoso
Que no compasso demora
Marcando fora das hora
E que tanto se aperreia
Andando fora da tria
Que quando dá meio-dia
Ele tá nas dez e meia.

Mas porém meu coração
Naquela vida passada
Já teve a mesma feição
Da pitombêra copada
Que havia no meu terrêro
Onde os passo prazentêro
Cantava era mesmo que escutá
Cantava com tanto amô
Que era mesmo que escutá
Um coro celestiá
Do anjo do Criadô.

Parece que os passarinho
Para aquele verde abrigo
Convidava seus vizinho.
Seus parente e seus amigo
Crescendo os nurmo das ave
Cada quá mais agradave
Sobre a copa hospitalêra,
Quanto mais dia passava
Mais passarinho chegava
Na copa da pitombêra.

As ave cantava mansa
Os mais sonoroso hino
As vez me vinha à lembrança
Que Deus nosso Pai Divino
Mandou um dia que um santo
Remexesse no encanto
Que havia no mundo intêro
E depois que inxaminasse
O mais bonito que achasse
Botasse no meu terrêro.

A pintombêra frondosa
Se ria toda contente
Uvindo as voz sonorosa
Daqueles musgo inocente,
Mas quem repara conhece
Que as ave também padece,
Triste coisa aconteceu,
Tudo aquilo se acabou,
A pitombêra secou,
A pitombêra morreu.

A pitombêra morreu
Depois que tanto gozou,
A natureza lhe deu
E a natureza tomou
E as suas fôia caindo
As ave fôro fugindo
Atrás doutro paradêro,
Se acabou a poesia,
Aquela grande alegria
Que havia no meu terrêro.

Da frondosa pitombêra
Ficou o isqueleto horrendo,
Coisa assombrosa e agorêra
Até mesmo parecendo
Com um bocado de braço
Apontando para o espaço,
Ou um bocado de frecha
E o pica-pau sem piedade
Martelando sobre a grade
Tirando broca nas brecha.

Pitombêra, pitombêra,
Teu fracasso continua,
Nesta vida passagêra
Minha sorte é como a tua,
Pitombêra distruída,
Eu também na minha vida
Tive amô e tive carinho,
Eu já fui do mesmo jeito,
Aqui dentro do meu peito
Cantava meus passarinho.

As aves. sastisfação.
Prazê, aventura, alegria.
Dentro do meu coração
Grogeava noite e dia.
A felicidade, o sonho
E o riso todo risonho
Junto com outros irmão
Formava um côro incelente
Cantando constantimente
No conjuto da inlusão.

Um quadro cheio de lume
Briava na minha sorte
Como os lindo vagalume
Nas noite escura do norte,
Uvindo os mais belo som
Tudo pra mim era bom
O meu gozo era sem fim,
Toda sorte de harmonia
Que neste mundo existia
Cantava dentro de mim.

Porém, como a feia bruxa
Quando qué fazê mardade
Foi chegando as fôia mucha
Do jardim da mocidade,
Depois as fôia caíro
E os passarinho fugiro,
Onde tudo era beleza
Se arranchou sem piedade
O passarinho sodade
Cantando a minha tristeza.

Vendo desaparecer
Aquele belo istribio
Começou meu padecer,
Meu mundo ficou vazio,
Sem dó e sem compaxão
O conjunto da inluzão
Do meu peito se afastou,
Hoje só resta a lembrança,
Até o passo esperança
Bateu as asa e voou.

Inleição direta 1984

Bom camponês e operaro
A vida tá de amargá
O nosso estado precaro
Não há quem possa aguentá
Neste espaço dos vinte ano
Que a gente entrou pelo cano
A confusão é compreta
Mode a coisa miorá
Nós vamo bradá e gritá
Pelas inleição direta.

Camponês, meu bom irmão
E operaro da cidade,
Vamo uni as nossas mão
E gritá por liberdade
Levando na mesma pista
Os estudante, os artista
E meus colega poeta
Vamo todos reunido
Fazê o maió alarido
Pelas inleição direta.

Vamo cada companhêro
Com nosso potresto forte
Por este país intêro,
Leste, oeste, sul e norte
Com as inleição direta
Nós vamo por outra meta
De uma forma deferente,
Esta marcha tá puxada
E esta canga tá pesada
Não há cangote que aguente.

Senhora dona de casa
Lavadêra e cozinhêra,
É preciso mandá brasa,
Ingrossá nossa filêra,
Vamo abalá toda massa
Derne o campo até a praça,
Agora ninguém se aqueta,
Vamo lutá fortimente
E elegê um presidente
Com as inleição direta.

Se o povo veve sujeito
Sem tê a quem se quexá,
É preciso havê um jeito
Pois deste jeito não dá,
Cadê a democracia
Que o pudê tanto irradia
Nas terra nacioná?
Tudo isto é demagogia
Quem já viu democracia
Sem direito de votá?

Democracia é justiça
Em favor do bem comum
Sem trapaça e sem malícia
Defendendo cada um.
O povo tá sem sossego
Com a fome e o desemprego
Arrochando o brabicacho,
Será que o Brasi de cima
Não tá vendo o triste crima
Que tem no Brasi de baixo?

Seu dotô, seu deputado,
Seu ministro e senadô
Repare que o nosso estado
É mesmo um drama de horrô;
Se vossimicê baixasse
E uns dez ano aqui passasse
Ferido da mesma seta,
Fazia assim com nós
Gritando na mesma voz
Queremo inleição direta!

Isto qu eu digo é exato
É uma verdade certa
Pois só o que carça o sapato
Sabe onde é que o mesmo aperta,
Nosso país invejado
Tá todo desmantelado
O que observa descobre
E com certeza tá vendo
A crasse pobre morrendo
E a média ficando pobre.

Nestes verso que rimei
Disse apenas a verdade
Eu aqui não afrontei
A nenhuma outoridade
Quem fala assim deste jeito
Defendendo seus dereito
Todos já sabe quem é,
É um poeta do povo
Véio do coração novo
Patativa do Assaré.

O AGREGADO E O OPERÁRIO

Sou matuto do Nordeste
Criado dentro da mata,
Caboclo cabra da peste,
Poeta cabeça chata,
Por ser poeta roceiro
Eu sempre fui companheiro
Da dor, dia mágoa e do pranto
Por isto, por minha vez
Vou falar para vocês
O que é que eu sou e o que canto.

Sou poeta agricultor
Do interior do Ceará
A desdita, o pranto e a dor
Canto aqui e canto acolá
Sou amigo do operário
Que ganha um pobre salário
E do mendigo indigente
E canto com emoção
O meu querido sertão
E a vida de sua gente.

Procurando resolver
Um espinhoso problema
Eu procuro defender
No meu modesto poema
Que a santa verdade encerra,
Os camponeses sem terra
Que o céu deste Brasil cobre
E as famílias da cidade
Que sofrem necessidade
Morando no bairro pobre.

Vão no mesmo itinerário
Sofrendo a mesma opressão
Nas cidades o operário
E o camponês no sertão,
Embora um do outro ausente
O que um sente o outro sente
Se queimam na mesma brasa
E vivem na mesma guerra
Os agregados sem terra
E os operários sem casa.

Operário da cidade,
Se você sofre bastante
A mesma necessidade
Sofre o seu irmão distante
Levando vida grosseira
Sem direito de carteira
Seu fracasso continua,
É grande martírio aquele,
A sua sorte é a dele
E a sorte dele é a sua.

Disto eu já vivo ciente.
Se na cidade o operário
Trabalha constantemente
Por um pequeno salário.
Lá nos campos o agregado
Se encontra subordinado
Sob o jugo do patrão
Padecendo vida amarga,
Tal qual o burro de carga
Debaixo da sujeição.

Camponeses meus irmãos
E operários da cidade.
É preciso dar as mãos
Cheios de fraternidade,
Em favor de cada um
Formar um corpo comum
Praciano e camponês
Pois só com esta aliança
A estrela da bonança
Brilhará para vocês.

Uns com os outros se entendendo
Esclarecendo as razões
E todos juntos fazendo
Suas reivindicações
Por uma democracia
De direito e garantia
Lutando de mais a mais,
São estes os belos planos
Pois nos direitos humanos
Nós todos somos iguais.

ACUADO

*(Canto de um povo acuado
ao poeta Patativa do Assaré)*

melhor seria silenciar
diante de um canto de medo
quando as palavras saem filtradas
do pulmão de um povo morto

em cada gesto dos pássaros
chamaremos camarada
o povo lírico nordestino,
onde a foice doida
decapitou a mãe e o filho
num desespero de retrato 3x4
daquela gente rude de alpargatas currulepe
e "bornó" cheio de sonhos...

acuado no canto da sala
bem na esquina do mundo,
esmaga as tristezas ouvindo versos
do Patativa do Assaré
que canta no rádio a pilha
o retorno do príncipe misterioso
que veio à terra dar o grito
de Independência ou Morte
do Terceiro Mundo

Patativa...
como tínhamos vergonha do Ceará
daquelas estórias de seca
diante do eixo da terra
sempre azul
tínhamos vergonha dos grampos
das cercas de arame farpado
onde de um lado — era só jurema
e do outro lado — era só jurema

figuras oprimidas
acuadas
no canto da sala.
bem na esquina do mundo,
esmagam tristezas ouvindo versos
do Patativa que canta
o canto deste povão
de uma terra onde Deus
plantou, semeou e colheu
a Esperançar.

Cândido B. C. Neto

Ao poeta B. C. Neto

I

Sei que não tenho sabença
Sou um pobre nafabeto
Mas vou fazer referença
Sobre você, B. C. Neto
Proque, seus verso moderno
No meu coração fraterno
Senti de leve tocá,
Pois você canta a cidade
Mas também diz a verdade
Das nossas coisas de cá.

II

Imbora seja polida
Sua bonita linguagem
A mesma retrata a vida
Da nossa gente servage
No meu verso eu tou notando
Que você tá me ajudando.
Obrigado meu amigo,
Pelo trabalho distinto
Sentindo aquilo que eu sinto
Dizendo aquilo que eu digo.

III

Você bastante aprendeu
É jornalista iscritô
Mas parece que mexeu
Na coisa do interiô,
Na poesia que escreve
Sabe dizer como veve
O caboco do roçado
No sofrimento medonho
Sempre alimentando um sonho
Que nunca vai realizado.

IV

O seu livro eu não me ingano,
tem dois temas ispiciá
Um tema do meio urbano
Ôtro do meio rurá;
Mesmo sem letra e sem arte
É desta segunda parte
Que esta referença faço;
Nem que me chame invejoso
Do seu livro precioso
Tenho também um pedaço.

V

Tem a parte pequenina
Do seu livro que me toca,
O amargo da quinaquina
E o gosto da tapioca
Tem o canto magoado
Do camponês no roçado
Gotejando de suó,
Tem o sentimento nobre
Do choro de uma mãe pobre
Com oito fio em redó.

VI

Canta, amigo, a nossa gente
Do nosso meio rurá,
Meio munto diferente
Do meio da capitá.
Imensa alegria tive
Lendo os seus verso sensive
Cantando a vida sem vida
Deste povo abandonado
Que veve e morre apoiado
Numa esperança perdida.

Adverte-se aos curiosos que se imprimiu esta
obra em nossas oficinas, na cidade de São Paulo,
no mês de fevereiro do ano dois mil e doze,
composta em tipologia Walbaum MT, sobre papel
off-set setenta e cinco gramas.